# MARCHA CRIANÇA

2º ANO
ENSINO FUNDAMENTAL

## GRAMÁTICA

**Maria Teresa Marsico**

Licenciada em Letras pela Universidade Federal do Rio de Janeiro (UFRJ).

Pedagoga pela Sociedade Unificada de Ensino Superior Augusto Motta.

Atuou por mais de trinta anos como professora de Educação Infantil e Ensino Fundamental das redes municipal e particular do estado do Rio de Janeiro.

**Maria Elisabete Martins Antunes**

Licenciada em Letras pela Universidade Federal do Rio de Janeiro (UFRJ).

Atuou durante trinta anos como professora titular em turmas do 1º ao 5º ano da rede municipal de ensino do estado do Rio de Janeiro.

**Armando Coelho de Carvalho Neto**

Atua desde 1981 com alunos e professores das redes pública e particular de ensino do estado do Rio de Janeiro.

Desenvolve pesquisas e estudos sobre metodologias e teorias modernas de aprendizado.

Autor de obras didáticas para Ensino Fundamental e Educação Infantil desde 1993.

editora scipione

editora scipione

**Presidência:** Mario Ghio Júnior
**Direção editorial:** Lidiane Vivaldini Olo
**Gerência editorial:** Viviane Carpegiani
**Gestão de área:** Tatiany Renó
**Edição:** Mariangela Secco (coord.), Silvana dos Santos Alves Balsamão
**Planejamento e controle de produção:** Flávio Matuguma, Juliana Batista, Felipe Nogueira e Juliana Gonçalves
**Revisão:** Kátia Scaff Marques (coord.), Brenda T. M. Morais, Claudia Virgilio, Daniela Lima, Malvina Tomáz e Ricardo Miyake
**Arte:** André Gomes Vitale (ger.), Catherine Saori Ishihara (coord.) e Christine Getschko (edição de arte)
**Diagramação:** Ponto Inicial Design Gráfico
**Iconografia e tratamento de imagem:** Sílvio Kligin (ger.), Claudia Bertolazzi (coord.), Iron Mantovanello (pesquisa), Fernanda Crevin (tratamento de imagens)
**Licenciamento de conteúdos de terceiros:** Roberta Bento (gerente); Jenis Oh (coord.); Liliane Rodrigues e Flávia Zambon (analistas); Raísa Maris Reina (assist.)
**Ilustrações:** Bruna Assis (Aberturas de unidade), Ilustra Cartoon
**Design:** Gláucia Correa Koller (ger.), Flávia Dutra e Gustavo Vanini (proj. gráfico e capa), Erik Taketa (pós-produção)
**Ilustração de capa:** Estúdio Luminos


Avenida Paulista, 901, 6º andar – Bela Vista
São Paulo – SP – CEP 01310-200
http://www.somoseducacao.com.br

**Dados Internacionais de Catalogação na Publicação (CIP)**

Marsico, Maria Teresa
Marcha Criança : Gramática 1º ao 5º ano / Maria Teresa Marsico, Maria Elisabete Martins Antunes , Armando Coelho de Carvalho Neto. -- 3. ed. -- São Paulo : Scipione, 2020.
(Coleção Marcha Criança ; vol. 1 ao 5)

Bibliografia

1. Língua portuguesa - Gramática (Ensino fundamental) - Anos iniciais I. Título II. Antunes, Maria Elisabete Martins III. Carvalho Neto, Armando Coelho de IV. Série

CDD 372.61

20-1101

Angélica Ilacqua - Bibliotecária - CRB-8/7057

**2024**
Código da obra CL 745875
CAE 721124 (AL) / 721128 (PR)
ISBN 9788547402853 (AL)
ISBN 9788547402860 (PR)
3ª edição
6ª impressão
De acordo com a BNCC.

Impressão e acabamento: Vox Gráfica / OP: 247398

Uma publicação SOMOS EDUCAÇÃO

Com ilustrações de **Bruna Assis**, seguem abaixo os créditos das fotos utilizadas nas aberturas de Unidade:

**UNIDADE 1: Praia:** kubais/Shutterstock, **Baldinho de praia:** John99/Shutterstock, **Cadeira de praia:** Ljupco Smokovski/Shutterstock, **Sacola de palha:** Africa Studio/Shutterstock.

**UNIDADE 2: Carrossel:** EQRoy/Shutterstock, **Balão:** Racheal Grazias/Shutterstock, **Montanha-russa:** son Photo/Shutterstock, **Jogo de dança:** Terence Toh Chin Eng/Shutterstock, **Escorregador:** Narin Eungsuwat/Shutterstock, **Brinquedo em forma de trem:** Bilanol/Shutterstock, **Gangorra:** Bilanol/Shutterstock.

**UNIDADE 3: Piscina:** Allexanderh/Shutterstock, **Pista de corrida:** Photo_DDD/Shutterstock, **Quadra de basquete:** Creative Family/Shutterstock, **Quadra de tênis:** Ahturner/Shutterstock.

**UNIDADE 4: Área de circo:** Pavel L Photo and Video/Shutterstock.

# APRESENTAÇÃO

Caro aluno, cara aluna,

Pensando em ajudá-los a se tornar leitores e escritores competentes, a coleção **Marcha Criança Gramática** vai prepará-los para dominar uma das maiores realizações humanas: o ato de escrever!

Descobrindo alguns segredos da língua portuguesa, como a combinação de sinais, letras, palavras e ideias, vocês vão dar forma a textos e sentir cada vez mais o prazer de ler e escrever.

Esperamos que gostem da coleção e que, com ela, aprendam muito!

Bons estudos!

*Os autores.*

Bruna Assis/Arquivo da editora

# CONHEÇA SEU LIVRO

Veja a seguir como o seu livro está organizado.

## UNIDADE

Seu livro está organizado em quatro Unidades. As aberturas são compostas dos seguintes boxes:

**Entre nesta roda.**

Você e seus colegas terão a oportunidade de conversar sobre a imagem apresentada e a respeito do que já sabem sobre o tema da Unidade.

**Nesta Unidade vamos estudar...**

Você vai encontrar uma lista dos conteúdos que serão estudados na Unidade.

## ATIVIDADES

Por meio de atividades diversificadas, nesta seção você vai colocar em prática seus conhecimentos e verificar se os conteúdos foram compreendidos.

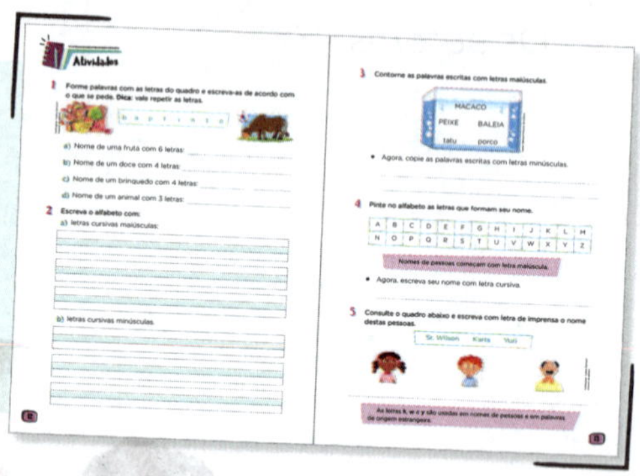


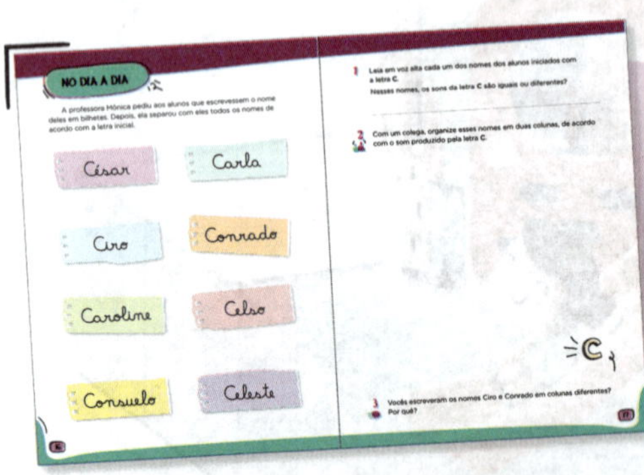


## NO DIA A DIA

Nesta seção, você vai estudar a gramática em situações de uso e compreender que ela está presente em nosso dia a dia.

## AMPLIANDO O VOCABULÁRIO

Algumas palavras estão destacadas no texto e o significado delas aparece sempre na mesma página. Assim, você pode ampliar seu vocabulário.

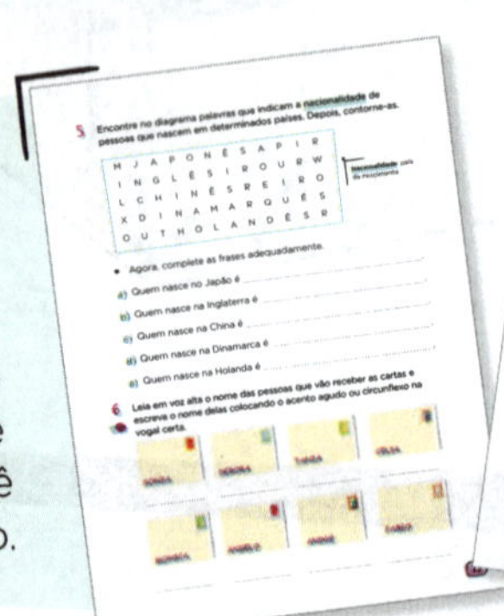

## SAIBA MAIS

Boxe com curiosidades e dicas sobre o conteúdo estudado.

## ORTOGRAFIA

Nesta seção, você vai conhecer regras ortográficas e realizar várias atividades para fixar seu aprendizado.

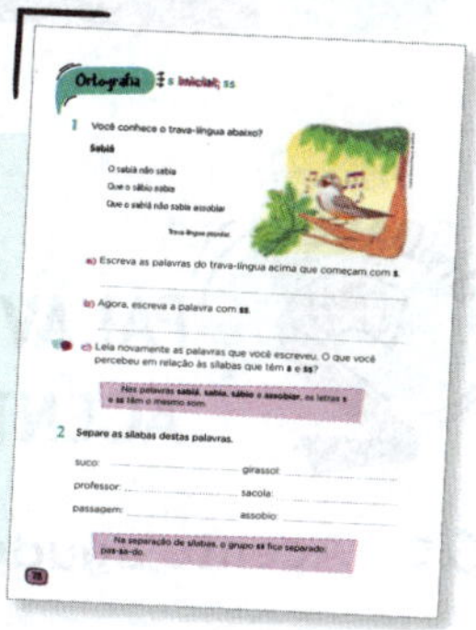

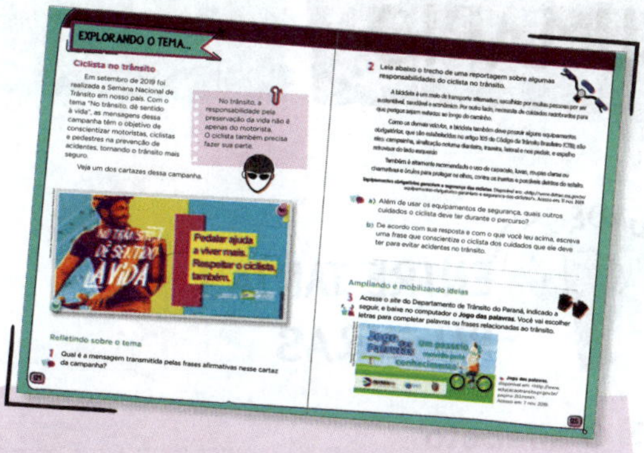

## EXPLORANDO O TEMA...

A seção aborda temas variados para você refletir, ampliar seu conhecimento e discutir suas ideias com seus familiares e amigos.

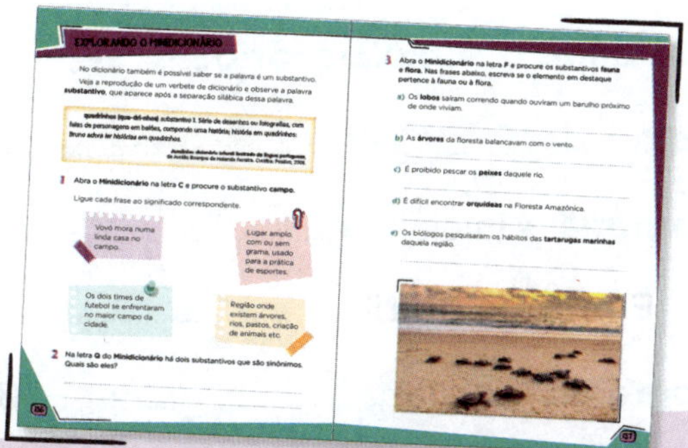

## EXPLORANDO O MINIDICIONÁRIO

Nesta seção você terá oportunidade de explorar o Minidicionário que acompanha a coleção para descobrir o significado de palavras.

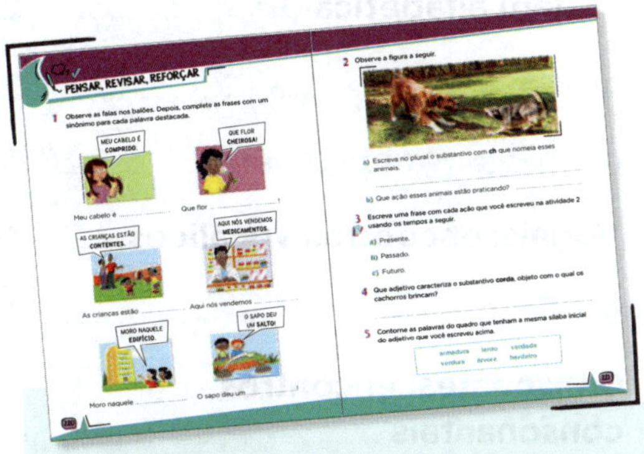

## PENSAR, REVISAR, REFORÇAR

A seção traz atividades que retomam alguns conteúdos estudados no decorrer da Unidade.

## SUGESTÕES PARA O ALUNO

No final do livro, você vai encontrar indicações de livros, CDs, filmes e *sites* para complementar seus estudos.

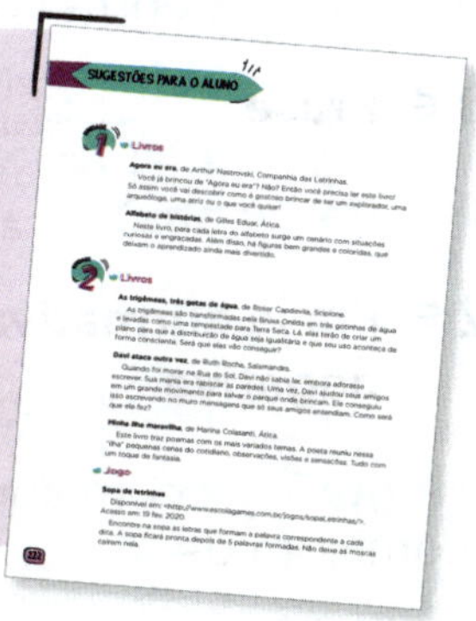

## Material complementar

## MINIDICIONÁRIO

Minidicionário ilustrado que o ajudará a descobrir o significado de palavras.

## Quando você encontrar estes ícones, fique atento!

Em dupla

Em grupo

Oral

No caderno

# SUMÁRIO

Ilustra Cartoon/Arquivo da editora

## UNIDADE 3 TIPOS DE SUBSTANTIVO

Ilustra Cartoon/Arquivo da editora

## UNIDADE 4 O QUE DIZEM AS PALAVRAS

UNIDADE 1

# ENTRE TANTAS PALAVRAS

### Entre nesta roda

- Você já foi a alguma praia? Se sim, conte aos colegas sua experiência.
- Observe a cena. Dos desenhos feitos pelas crianças na areia, quais têm o nome começado com uma consoante?
- Você consegue perceber alguma diferença no som da vogal **A** nos nomes das crianças escritos na areia?

### Nesta Unidade vamos estudar...

- Alfabeto
- Vogais e consoantes
- Letras maiúsculas e minúsculas
- Encontros vocálicos
- Encontros consonantais
- Sílaba

Bruna Assis Brasil/Arquivo da editora

# 1 O ALFABETO

A língua pode ser falada ou escrita. Observe as situações abaixo e converse sobre elas com os colegas.

## Língua falada ou língua oral

E+/Getty Images

## Língua escrita

Reprodução/Prefeitura de Maricá, Rio de Janeiro.

- Pela expressão no rosto das pessoas da foto, o assunto da conversa é alegre ou triste?
- Qual é o assunto do cartaz? Converse com os colegas e o professor.

Como você viu, na **fala** usamos os **sons** e na **escrita** usamos **letras**.

O conjunto de letras que usamos para escrever as palavras é chamado **alfabeto** ou **abecedário**.

O alfabeto da língua portuguesa tem 26 letras.

As letras podem ser maiúsculas ou minúsculas, de imprensa ou cursivas.

**Letras de imprensa**

| | | | | | | |
|---|---|---|---|---|---|---|
| A<br>a | B<br>b | C<br>c | D<br>d | E<br>e | F<br>f | G<br>g |
| H<br>h | I<br>i | J<br>j | K<br>k | L<br>l | M<br>m | N<br>n |
| O<br>o | P<br>p | Q<br>q | R<br>r | S<br>s | T<br>t | U<br>u |
| V<br>v | W<br>w | X<br>x | Y<br>y | Z<br>z | | |

**Letras cursivas**

| | | | | | | |
|---|---|---|---|---|---|---|
| A<br>a | B<br>b | C<br>c | D<br>d | E<br>e | F<br>f | G<br>g |
| H<br>h | I<br>i | J<br>j | K<br>k | L<br>l | M<br>m | N<br>n |
| O<br>o | P<br>p | Q<br>q | R<br>r | S<br>s | T<br>t | U<br>u |
| V<br>v | W<br>w | X<br>x | Y<br>y | Z<br>z | | |

# Atividades

**1** Forme palavras com as letras do quadro e escreva-as de acordo com o que se pede. **Dica**: vale repetir as letras.

Ilustrações: Ilustra Cartoon/ Arquivo da editora

**b a p l i n t o**

**a)** Nome de uma fruta com 6 letras: ..........

**b)** Nome de um doce com 4 letras: ..........

**c)** Nome de um brinquedo com 4 letras: ..........

**d)** Nome de um animal com 3 letras: ..........

**2** Escreva o alfabeto com:

**a)** letras cursivas maiúsculas;

**b)** letras cursivas minúsculas.

**3** Contorne as palavras escritas com letras maiúsculas.

Ilustra Cartoon/Arquivo da editora

- Agora, copie as palavras escritas com letras minúsculas.

..........................................................................................

..........................................................................................

**4** Pinte no alfabeto as letras que formam seu nome.

| | | | | | | | | | | | | |
|---|---|---|---|---|---|---|---|---|---|---|---|---|
| A | B | C | D | E | F | G | H | I | J | K | L | M |
| N | O | P | Q | R | S | T | U | V | W | X | Y | Z |

Nomes de pessoas começam com letra maiúscula.

- Agora, escreva seu nome com letra cursiva.

..........................................................................................

**5** Consulte o quadro abaixo e escreva com letra de imprensa o nome destas pessoas.

| | | |
|---|---|---|
| **Sr. Wilson** | **Karla** | **Yuri** |

Ilustrações: Ilustra Cartoon/
Arquivo da editora

.............................. .............................. ..............................

As letras **k**, **w** e **y** são usadas em nomes de pessoas e em palavras de origem estrangeira.

**6** Copie as palavras do quadro embaixo das figuras correspondentes.

| | | | |
|---|---|---|---|
| *skate* | *yorkshire* | *show* | *motoboy* |

Ilustrações: Ilustra Cartoon/Arquivo da editora

........................ ........................ ........................ ........................

**7** Complete a cruzadinha e forme o nome de seis pessoas.

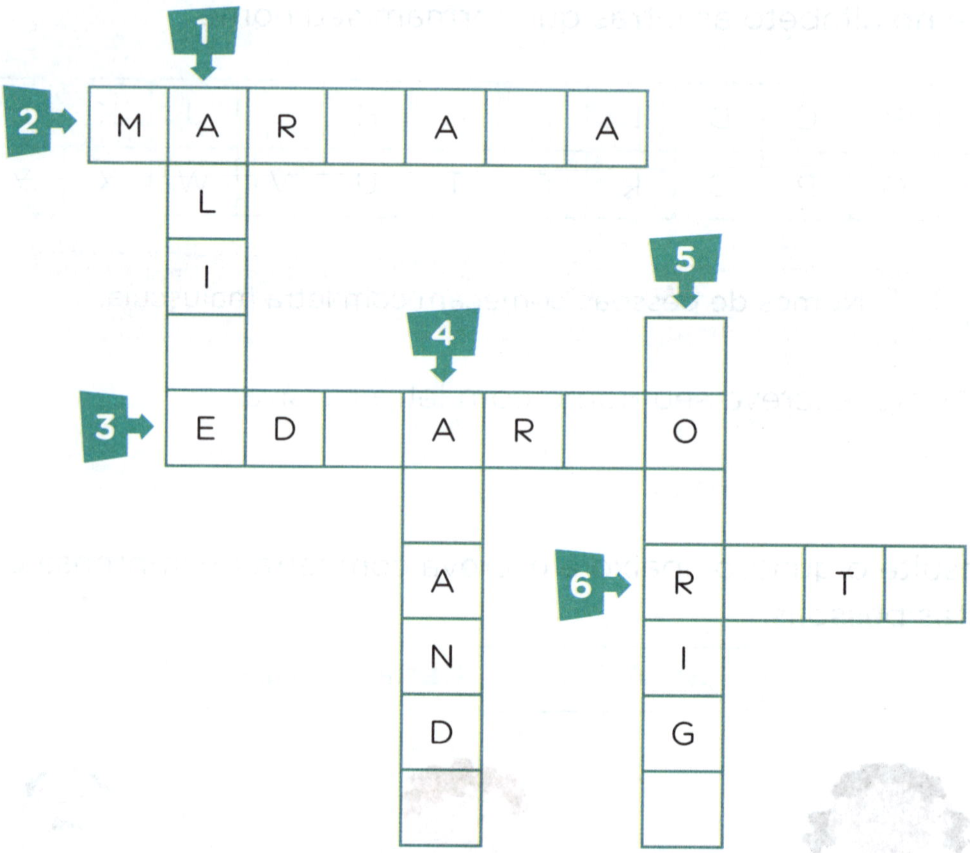


- Agora, escreva os nomes que você formou.

Nomes femininos: ........................................

Nomes masculinos: ........................................

**8** Escreva o nome:

**a)** da rua onde você mora. ..................................................

**b)** de uma cidade. ..................................................

**c)** do estado onde você mora. ..................................................

**d)** de um país que você gostaria de conhecer. ..................................................

Nomes de ruas, cidades, estados e países começam com letra maiúscula.

**9** Leia o texto abaixo. Depois, contorne as palavras que devem iniciar com letra maiúscula.

Jack Hong/Shutterstock

a mangueira é uma árvore grande, pode chegar até 30 metros de altura, e tem copa densa. suas flores são bem pequenas, e seu fruto, suculento. cultivada há milhares de anos na ásia, a mangueira foi trazida ao brasil por volta do ano 1700.

**Esperança é o bicho**: brincando com as palavras e a biodiversidade, de Rogério Nigro. São Paulo: Ática, 2015.

- Agora, reescreva o texto, fazendo a correção.

..................................................

..................................................

..................................................

..................................................

..................................................

Usamos letra maiúscula no início das frases.

# NO DIA A DIA

A professora Mônica pediu aos alunos que escrevessem o nome deles em bilhetes. Depois, ela separou com eles todos os nomes de acordo com a letra inicial.

César

Carla

Ciro

Conrado

Caroline

Celso

Consuelo

Celeste

**1** Leia em voz alta cada um dos nomes dos alunos iniciados com a letra **C**.

Nesses nomes, os sons da letra **C** são iguais ou diferentes?

..............................................................................................................................

**2** Com um colega, organize esses nomes em duas colunas, de acordo com o som produzido pela letra **C**.

**3** Vocês escreveram os nomes Ciro e Conrado em colunas diferentes? Por quê?

## Ortografia b, p

**1** Leia as palavras do quadro e copie-as embaixo das figuras correspondentes.

| |
|---|
| **pomba** **bote** **pote** **bomba** |

koya979/Shutterstock

Aksenova Natalya/ Shutterstock

............................................................ ............................................................

Slavoljub Pantelic/ Shutterstock

kosam/Shutterstock

............................................................ ............................................................

**2** Troque a letra **p** pela letra **b** e descubra outras palavras.

- par não é ..............................................................
- picada não é ..............................................................
- parquinho não é ..............................................................
- panda não é ..............................................................

**3** Complete as frases com as palavras entre parênteses.

**a)** O .................................... não .................................... ficar solto! (pode/bode)

**b)** Só uma .................................... não .................................... para levar todos os livros. (pasta/basta)

**c)** Meu avô fez uma .................................... para proteger a .................................... (parreira/barreira)

**4** Complete as palavras com **b** ou **p**. Depois, copie-as.

Bahadir Yeniceri/Shutterstock

a..............ó..............ora

..................................................

KanphotoSS/Shutterstock

..............ode

..................................................

Pamela Uyttendaele/Shutterstock

a..............ito

..................................................

Eric Isselee/Shutterstock

..............a..............agaio

..................................................

Ian 2010/Shutterstock

..............anana

..................................................

S-F/Shutterstock

sa..............o

..................................................

**5** Ligue as figuras cujos nomes começam com a mesma letra.

Vereshchagin Dmitry/Shutterstock

Luis Carlos Torres/Shutterstock

GeniusKp/Shutterstock

bat-2/Shutterstock

# EXPLORANDO O MINIDICIONÁRIO

Você já reparou que as palavras estão por toda parte?

Quanto melhor soubermos lidar com as palavras, maior e melhor será nossa capacidade de falar e de escrever. Para saber o significado de cada uma delas, podemos consultar o dicionário.

Os dicionários mostram o significado das palavras e o modo como elas devem ser escritas. Eles são importantes fontes de informação.

**1** Leia os significados das palavras abaixo, retiradas das páginas de um dicionário.

**em-bo-lar** v. t.d. **1**. transformar em bolo <e. a massa> t.d., int. e pron. **2**. enrolar(-se), emaranhar(-se), desenrolar(-se) **3**. confundir(-se), misturar(-se) <e. as contas> t.d. e int. **4**. formar um bolo (no estômago); embrulhar t.d. e pron. **5**. envolver(-se), enrolar(-se) <e. o filho na manta> <e. -se nas cobertas> [origem: em- + bolo + -ar].

**em-po-lar** v. t.d., int. e pron. **1**. (fazer) ficar com bolhas na pele, no corpo t.d. e pron. **2**. fig. tornar(-se) pomposo, exagerado **3**. tornar(-se) agitado (esp. o mar); encapelar(-se) ◆ empolamento s.m.

**Minidicionário Houaiss da língua portuguesa**, de Antônio Houaiss e Mauro de Salles Villar. Rio de Janeiro: Objetiva, 2009.

- Agora, complete as frases com as palavras adequadas.

Ilustrações: Ilustra Cartoon/Arquivo da editora

Minha pele ficou toda

..................................................

por causa da queimadura.

A gatinha ficou

..................................................

no novelo de lã.

**2** Escolha uma palavra do **Minidicionário** para descobrir seu significado. Depois, represente-o com um desenho no espaço abaixo. Não se esqueça de escrever a palavra que você escolheu.

..............................................................................................................

# 2 ORDEM ALFABÉTICA

Observe.

Ilustra Cartoon/Arquivo da editora

As letras do alfabeto seguem uma ordem.

A ordem em que as letras aparecem no alfabeto é chamada de **ordem alfabética**.

Precisamos usar a ordem alfabética em muitas situações. Os dicionários e as agendas telefônicas, por exemplo, seguem a ordem alfabética.

Ilustrações: Ilustra Cartoon/Arquivo da editora

Para organizar as palavras em ordem alfabética, observamos a primeira letra de cada uma delas. Veja:

Ilustra Cartoon/Arquivo da editora

AMANDA
BIANCA
CAIO

Se a primeira letra for igual, observamos a segunda letra.

primeira letra igual

RAQUEL
RENATO
RICARDO

segunda letra diferente

Se a segunda letra também for igual, observamos a terceira letra.

primeira e segunda letras iguais

ANA
ANGELINA
ANTÔNIO

terceira letra diferente

# Atividades

**1** Descubra as letras que faltam na cartela e escreva-as.

| | | | | | | | | | | | | |
|---|---|---|---|---|---|---|---|---|---|---|---|---|
| A | B | C | | E | | G | | | J | | L | |
| N | | P | Q | R | S | | U | | W | | | Z |

**2** Junte-se a um colega e escreva com letra cursiva quatro nomes de animais que começam com as letras indicadas no quadro abaixo.

| C | P |
|---|---|
| | |
| | |
| | |
| | |

- Agora, escreva em ordem alfabética os nomes escritos nos quadros acima.

1 ..................................... 5 .....................................

2 ..................................... 6 .....................................

3 ..................................... 7 .....................................

4 ..................................... 8 .....................................

**3** Qual é a palavra escondida? Para descobrir, substitua cada letra pela letra que vem depois dela no alfabeto. Veja o exemplo.

| c | h | m | g | d | h | q | n |
|---|---|---|---|---|---|---|---|
| d | | | | | | | |

**4** Escreva com letra cursiva o nome da fruta de cada foto.

Pakhnyushcha/ Shutterstock

Vinicius Tupinamba/ Shutterstock

.............................................. ..............................................

Alex Staroseltsev/ Shutterstock

Elena Schweitzer/ Shutterstock

.............................................. ..............................................

**a)** Agora, escreva com letra de imprensa e em ordem alfabética os nomes que você completou acima. O primeiro nome já está pronto.

| | | | | | | | |
|---|---|---|---|---|---|---|---|
| m | a | n | g | a | | | |
| | | | | | | | |
| | | | | | | | |
| | | | | | | | |

**b)** Note que todas as frutas começam com a mesma letra. Que letra é essa? Qual letra vem depois dela no alfabeto?

..............................................

**c)** Procure em um dicionário outras quatro palavras que começam com **n** e escreva-as abaixo, em ordem alfabética.

..............................................

..............................................

..............................................

**5** Que caminho o menino deve seguir para chegar ao outro lado da rua? **Dica:** no caminho correto, as palavras estão em ordem alfabética.

Ilustra Cartoon/Arquivo da editora

**6** Escreva o que se pede.

**a)** Cinco palavras iniciadas com a primeira letra do alfabeto.

..............................................................................................................

..............................................................................................................

**b)** Cinco palavras iniciadas com a sexta letra do alfabeto.

..............................................................................................................

..............................................................................................................

..............................................................................................................

**7** Contorne no diagrama os nomes de três meios de transporte e de três meios de comunicação.

| | | | | | | | | | | | | | | | | | | | |
|---|---|---|---|---|---|---|---|---|---|---|---|---|---|---|---|---|---|---|---|
| M | B | C | Z | L | J | G | D | A | P | I | R | B | I | C | I | C | L | E | T | A |
| E | Q | N | C | A | R | R | O | I | U | R | W | H | L | H | F | G | K | J | E | B |
| L | S | S | U | I | V | A | I | P | O | B | N | B | L | E | I | P | O | L | H | Q |
| X | M | O | T | O | C | I | C | L | E | T | A | C | F | D | U | S | H | A | P | T |
| Z | G | R | E | T | U | Q | U | E | I | T | R | T | E | L | E | F | O | N | E | T |
| C | O | M | P | U | T | A | D | O | R | S | E | P | O | L | H | G | F | E | I | D |
| V | G | J | W | F | G | K | J | U | L | R | D | T | E | L | E | V | I | S | Ã | O |

**a)** Quais palavras encontradas começam com a mesma letra?

..............................................................................................................

**b)** Escreva em ordem alfabética os nomes encontrados.

| Meios de transporte | Meios de comunicação |
|---|---|
| | |
| | |
| | |

## Ortografia d, t

**1** Leia os balões de fala e observe as palavras destacadas.

Ilustrações: Ilustra Cartoon/Arquivo da editora

- Leia em voz alta as palavras abaixo. Quais letras têm o som parecido?

| Tadeu | dentista | dentes | direito |
|---|---|---|---|

..........................................................................................

**2** Diga o nome das figuras em voz alta e escreva a letra inicial de cada palavra pronunciada.

☐ 
☐ 
☐ 
☐ 

☐ 
☐ 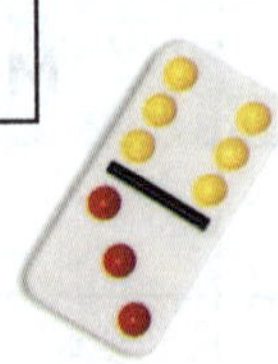
☐ 
☐ 

As letras **d** e **t** têm som parecido.

Telefone: Madarakis/Shutterstock; torneira: Ilya Akinshin/Shutterstock; dados: ConstantinosZ/Shutterstock; tatu: Eric Isselee/Shutterstock; dinheiro: Reprodução/Casa da Moeda do Brasil/Ministério da Fazenda; dominó: Mega Pixel/Shutterstock; tesoura: Food Travel Stockforlife/Shutterstock; dinossauro: Tischenko Irina/Shutterstock

**3** Forme outras palavras trocando a letra **d** pela letra **t**.

nada ............................................ dedo ............................................

vendo ............................................ pode ............................................

gado ............................................ dia ............................................

**a)** Agora, complete as frases com algumas das palavras formadas.

Ilustra Cartoon/Arquivo da editora

O ............................................ miava sem parar no telhado.

Então, minha ............................................ colocou um

............................................ de leite no chão. Ele sabe que pode descer e tomar seu leite com segurança.

**b)** Pinte as figuras de acordo com as cores indicadas pelo código.

animal objeto

Ilustra Cartoon/Arquivo da editora

**c)** Agora, escreva o nome de cada figura. **Dica:** os nomes têm a letra **t**.

............................................................................................

## 4 Complete a cruzadinha com as letras **d** e **t**.

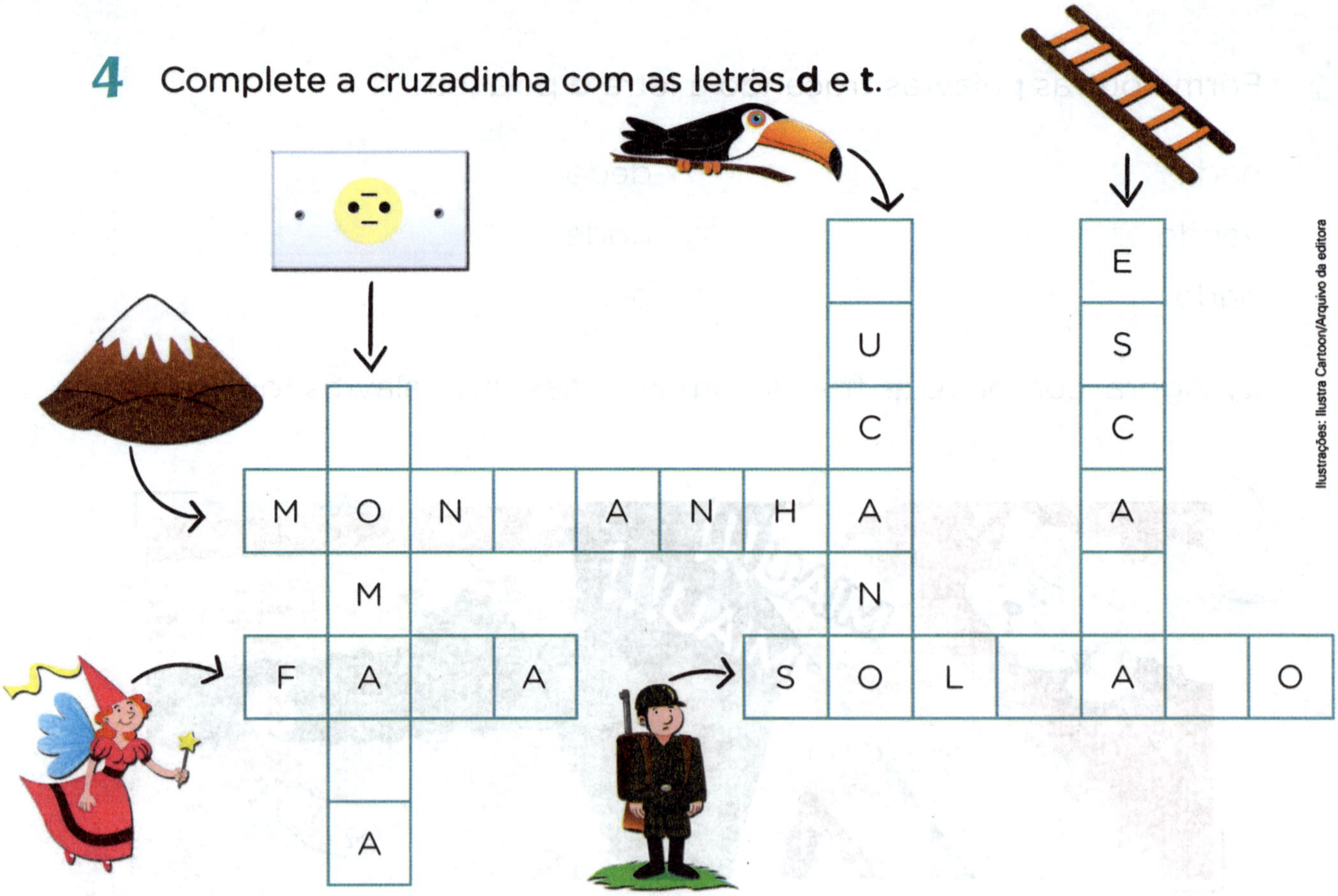


Ilustrações: Ilustra Cartoon/Arquivo da editora

## 5 O que é, o que é? Responda escrevendo as letras que faltam para completar as palavras.

**a)** Mamífero de unhas compridas que cava buracos na terra.

..........................................................................................

**b)** É usado em vários jogos, tem 6 lados com pontos de 1 a 6.

..........................................................................................

**c)** Relógio programado para tocar na hora que você desejar.

..........................................................................................

**d)** Mamífero de focinho comprido que se alimenta de insetos que ele captura com a língua.

..........................................................................................

**e)** Parte do dia que vem depois da manhã e antes da noite.

..........................................................................................

**6** Complete as frases escrevendo os números por extenso.

**a)** Marta já leu 19 livros da biblioteca.

Marta já leu ........................................ livros da biblioteca.

**b)** Diogo precisa de 7 figurinhas para completar seu álbum.

Diogo precisa de ........................................ figurinhas para completar seu álbum.

**c)** Letícia tem 10 anos e Luísa tem 8 anos.

Letícia tem ........................................ anos e Luísa tem ........................................ anos.

**d)** André gastou 12 reais no lanche da escola.

André gastou ........................................ reais no lanche da escola.

**7** Contorne no diagrama os nomes das figuras e escreva-os embaixo delas.

| | | | | | | | | | | | | | | | | | | | |
|---|---|---|---|---|---|---|---|---|---|---|---|---|---|---|---|---|---|---|---|
| T | E | S | O | U | R | A | D | A | P | I | R | C | A | D | E | I | R | A | P |
| E | Q | N | A | Q | Y | U | W | B | D | R | W | O | I | F | A | G | A | T | E |
| L | B | I | C | I | T | S | P | Q | U | E | N | S | T | A | P | E | T | E | O |
| X | M | H | T | O | C | I | C | O | U | S | P | G | P | Q | U | E | N | E | Q |
| Z | G | T | O | M | A | T | E | N | E | T | R | L | B | I | C | I | T | S | P |
| C | O | M | P | T | S | A | P | A | T | O | E | K | M | O | E | D | A | L | B |

........................................

........................................

........................................

........................................

........................................

........................................

Ilustrações: Ilustra Cartoon/Arquivo da editora

# EXPLORANDO O MINIDICIONÁRIO

No dicionário, as palavras são apresentadas em ordem alfabética. Por isso é importante você conhecer bem essa ordem, o que o ajudará a encontrar mais rapidamente uma palavra.

**Verbete** é o nome dado a cada uma das palavras acompanhada de seu(s) significado(s).

## F f

**FÁBRICA** (FÁ-BRI-CA) *(substantivo)*

Local onde vários produtos são feitos para depois serem vendidos no comércio.

*Na rua onde moro, existe uma **fábrica** de móveis.*

**FAISÃO** (FAI-SÃO) *(substantivo)*

Ave com penas brilhantes e coloridas. O macho é maior e mais colorido que a fêmea e tem cauda de penas longas.

**FALTA** (FAL-TA) *(substantivo)*

1. Ato de deixar de ir às aulas, a compromissos, etc.
2. Ato de não obedecer a regras de um jogo ou esporte.

*Ele fez uma **falta** ao bater em um jogador durante a partida.*

**FAUNA** (FAU-NA) *(substantivo)*

Grupo de animais que vivem em um mesmo ambiente em uma época.

*Algumas espécies da **fauna** do Amazonas estão ameaçadas de extinção.*

**FEBRE** (FE-BRE) *(substantivo)*

Aumento da temperatura do corpo acima de 37 °C.

*A **febre** pode ser sinal de algum problema de saúde.*

**FILMOTECA** (FIL-MO-TE-CA) *(substantivo)*

Coleção de filmes de cinema. Nela também podem ser guardadas cópias de documentos em um tipo de filme.

**FLORA** (FLO-RA) *(substantivo)*

Conjunto de plantas de um lugar ou uma região.

*O pesquisador está estudando a **flora** da Mata Atlântica.*

**FLORESTA** (FLO-RES-TA) *(substantivo)*

Porção de terra onde existem diversos tipos de árvores grandes. É o mesmo que selva.

10 Minidicionário

**1** Consulte a página 10 do **Minidicionário** e responda:

**a)** qual é a letra que indica a inicial dos verbetes? ..........

**b)** qual é a palavra que indica o primeiro verbete da página?

..........

**c)** qual é a palavra que indica o último verbete da página?

..........

**2** Consulte o **Minidicionário** para responder.

**a)** Qual é o número da página e qual é a letra que indica a inicial dos seguintes verbetes?

| Verbete | Página | Letra inicial |
|---|---|---|
| abobrinha | | |
| bando | | |
| cheio | | |
| jangada | | |
| zoológico | | |

**b)** No **Minidicionário**, qual é o verbete que vem logo depois de **abobrinha**? ..........

**c)** Que verbete aparece entre **jabuti** e **jangada**? ..........

**d)** Que verbete está entre **bando** e **beneficente**?

..........

**e)** Qual é o último verbete das letras abaixo?

A .......... Z ..........

# 3 VOGAIS: ENCONTROS VOCÁLICOS

## Vogais

Complete os espaços com a vogal adequada para formar o nome de cada animal.

| | | | |
|---|---|---|---|
| d ...... | n ......s | s ...... | r ...... |

| | | |
|---|---|---|
| c ...... | r ...... | c ...... l |

| | | | | |
|---|---|---|---|---|
| h ...... | p ...... | p ...... | t ...... | m ...... |

| | | |
|---|---|---|
| r ...... | p ...... | s ...... |

Ilustrações: Ilustra Cartoon/Arquivo da editora

- Das vogais de nosso alfabeto, houve alguma que você não usou para formar o nome dos animais acima?

# ATIVIDADES

**1** Escreva as vogais em letra cursiva maiúscula.

**2** Escreva as vogais em letra cursiva minúscula.

**3** Escreva o nome de sua escola.

..............................................................................................................

..............................................................................................................

- Contorne as vogais desse nome. Depois, complete a frase.

  O nome da minha escola tem .............. letras. Dessas letras, .............. são vogais.

**4** Assinale os grupos de letras que formam palavras.

☐ Uau ☐ bzfps ☐ pqfgt ☐ lobo

- Agora, escreva uma frase com uma das palavras que você assinalou.

..............................................................................................................

..............................................................................................................

..............................................................................................................

Na língua portuguesa, todas as palavras devem ter pelo menos uma vogal.

**5** Complete as palavras com a letra indicada nos quadrinhos.

| a | t......rt......rug...... |
| --- | --- |
| e | ......l......fant...... |
| i | ......de......a |
| o | ......cean...... |
| u | ......r......b...... |

**6** Os nomes destas crianças começam com vogal. Escreva-os em ordem alfabética.

Ulisses

Eduarda

Oscar

Isabela

Ariane

Ilustrações: Ilustra Cartoon/Arquivo da editora

..........................................................................................

..........................................................................................

**7** Complete os nomes dos personagens com as vogais que faltam.

L......b...... M......

S......n...... nh......

......l......d......m

C......nd......r......l......

**8** Complete a cruzadinha com vogais.

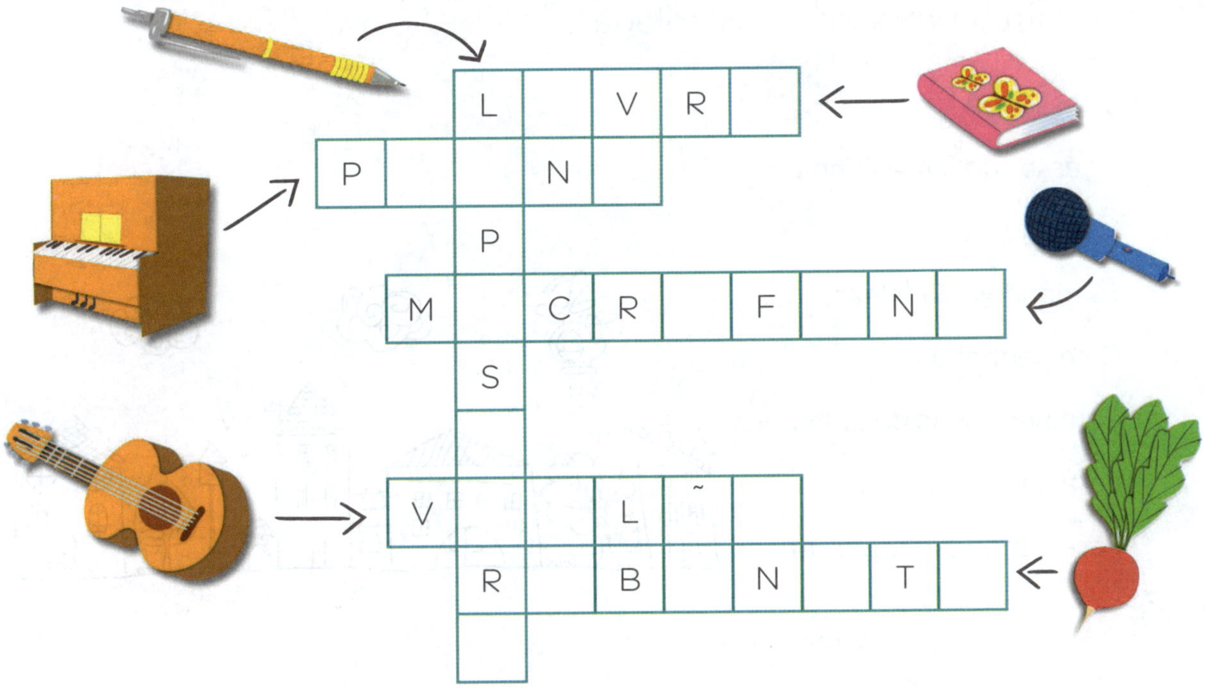


Ilustrações: Ilustra Cartoon/Arquivo da editora

**9** Complete a parlenda com as palavras que o professor ditar.

Hoje é ..................................................................
pede ..................................................................,
o .................................................................. é de barro
bate no jarro,
o jarro é ..................................................................
bate no sino,
o sino é de ouro
bate no ..................................................................,
o .................................................................. é valente,
bate na gente
a gente é fraco
cai no ..................................................................,
o .................................................................. é fundo,
..................................................................-se o mundo

Parlenda popular.

rvgusev/Shutterstock

## Encontros vocálicos

Cante com o professor e os colegas.

Se essa rua
Se essa rua fosse minha
Eu mandava
Eu mandava ladrilhar
Com pedrinhas
Com pedrinhas de brilhantes
Para o meu
Para o meu amor passar

NatalieBakunina/Shutterstock

Cantiga popular.

Observe as vogais das palavras **rua**, **eu** e **meu**.

Quando há duas ou mais vogais juntas na mesma palavra, temos um **encontro vocálico**.

- Agora, resolva as charadas para ver outros exemplos.

Ilustrações: Ilustra Cartoon/Arquivo da editora

Tem asa mas não voa, tem bico mas não bica.

..........................................................................

A metade de dois mais dois.

..........................................................................

- Contorne os encontros vocálicos das palavras abaixo.

| | | |
|---|---|---|
| balão | água | dinheiro |
| lua | mãe | saída |

# ATIVIDADES

Ilustrações: Ilustra Cartoon/Arquivo da editora

**1** O que é, o que é. Para descobrir, consulte o quadro de figuras ao lado. Escreva sua resposta e, depois, contorne os encontros vocálicos.

É verde como o mato, mas mato não é. Fala como gente, mas gente não é. ..............................

Tem uma casa que não tem telhado. ..............................

Dá sem nada ter. ..............................

**2** Contorne no diagrama os nomes dos meses do ano que têm encontro vocálico. Depois, complete as frases.

| | | | | | | | | | | | | | | | | | | | |
|---|---|---|---|---|---|---|---|---|---|---|---|---|---|---|---|---|---|---|---|
| M | B | C | Z | L | J | G | D | A | P | I | R | T | G | B | T | F | C | C | I |
| J | B | I | F | E | V | E | R | E | I | R | O | K | C | O | M | K | N | T | R |
| X | M | O | T | F | C | C | Z | L | J | T | A | B | G | M | Q | M | A | I | O |
| O | U | T | U | B | R | O | O | N | E | T | R | A | D | U | E | Q | R | A | T |
| C | O | M | K | N | T | A | D | O | G | S | E | R | P | O | R | I | T | H | S |
| I | R | M | B | C | Z | L | U | J | A | N | E | I | R | O | O | U | R | W | U |

**a)** O mês de .............................. tem 28 ou 29 dias.

**b)** No mês de .............................. comemora-se o Dia das Crianças.

**c)** .............................. é o primeiro mês do ano.

**d)** No mês de ..............................comemora-se o Dia das Mães.

**3** Organize as letras e descubra palavras com encontro vocálico.

| i a a x c | o r i | p i e e x |
|---|---|---|
| | | |

**4** Junte-se a um colega e escreva com ele palavras que terminem como as palavras do quadro abaixo.

| **padaria** | **doeu** | **falei** |
|---|---|---|
| | | |
| | | |
| | | |
| | | |

- Agora, contorne os encontros vocálicos das palavras que vocês escreveram.

**5** Troque os símbolos pelas vogais correspondentes do quadro e forme palavras.

|  |  |  |  |  |
|---|---|---|---|---|
| a | e | i | o | u |

**6** Leve o rei até o castelo percorrendo o caminho das palavras com encontro vocálico.

- Agora, copie as palavras do caminho que você percorreu.

**a)** Esposa do rei: ..................................................

**b)** Nome de flor: ..................................................

**c)** Nome de brinquedo: ..................................................

**d)** Nome de inseto: ..................................................

**e)** Nome de pessoa: ..................................................

**f)** Nome de alimento: ..................................................

## Ortografia c, g

**1** Você conhece esta cantiga? Cante-a com os colegas.

Pombinha branca
Que está fazendo?
Lavando a louça
Pro **casamento**.
A louça é muita,
Eu sou **vagarosa**;
Minha natureza
É de preguiçosa.

Cantiga popular.

Ilustrações: Ilustra Cartoon/Arquivo da editora

**a)** Copie as palavras destacadas.

..................................................

**b)** Complete: As letras .................... e .................... têm som parecido.

**2** Escreva as sílabas correspondentes aos números do quadro para formar palavras.

| 1 | 2 | 3 | 4 | 5 | 6 | 7 | 8 | 9 | 10 |
|---|---|---|---|---|---|---|---|---|---|
| co | me | di | coi | gu | ta | lo | ce | do | ga |

**a)** 1, 5, 2, 7 → ..................................................

**b)** 5, 7, 3, 8 → ..................................................

**c)** 4, 6, 9 → ..................................................

**d)** 1, 2, 6 → ..................................................

**e)** 1, 7 → ..................................................

**f)** 10, 7 → ..................................................

**3** Complete o nome das figuras com **c** ou **g**.

IrinaK/Shutterstock

prapann/Shutterstock

..............ambá

..............adeira

Valentyn Volkov/Shutterstock

RazvanZinica/Shutterstock

aba..............ate

..............aivota

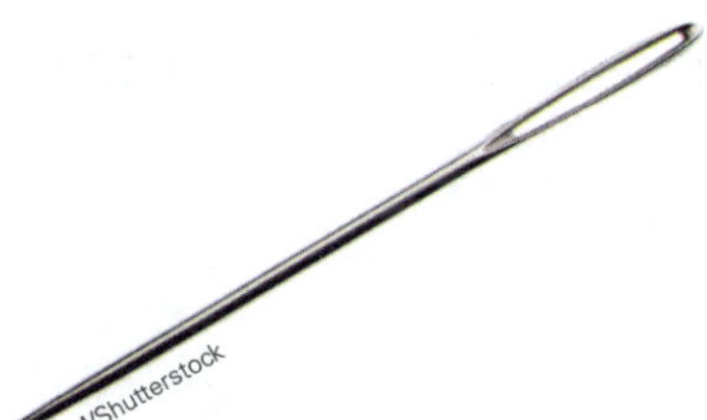
CLM/Shutterstock

Evgeny Karandaev/Shutterstock

a..............ulha

..............al..............uladora

Smileus/Shutterstock

Eric IsseleeSmileus/Shutterstock

..............anoa

..............rilo

# 4 CONSOANTES: ENCONTROS CONSONANTAIS

## Consoantes

Você já sabe que todas as palavras são escritas com as letras do alfabeto, que é formado por vogais e consoantes. Observe a capa do livro ao lado.

Reprodução/Editora Ciranda Cultural

- Diga em voz alta as vogais que aparecem no título do livro. Depois, escreva-as.

..............................................................................................................

- Como são chamadas as outras letras que aparecem no título desse livro?

..............................................................................................................

- Escreva em letra de imprensa maiúscula as **consoantes** que aparecem nesse título.

..............................................................................................................

Agora, repare nas letras iniciais dos nomes das crianças.

Ilustrações: Ilustra Cartoon/Arquivo da editora

A letra **k** tem som de consoante (como em **Keila**). A letra **y** tem som de vogal (como em **Yan**). A letra **w** pode ter som de vogal (no caso de **Wallace**) ou de consoante (no caso de **Wanda**).

# Atividades

**1** Escreva seu primeiro nome.

**a)** Quantas letras ele tem? ..................................................

**b)** Quais consoantes aparecem nele? ..................................................

**2** Complete a cruzadinha com as consoantes adequadas.

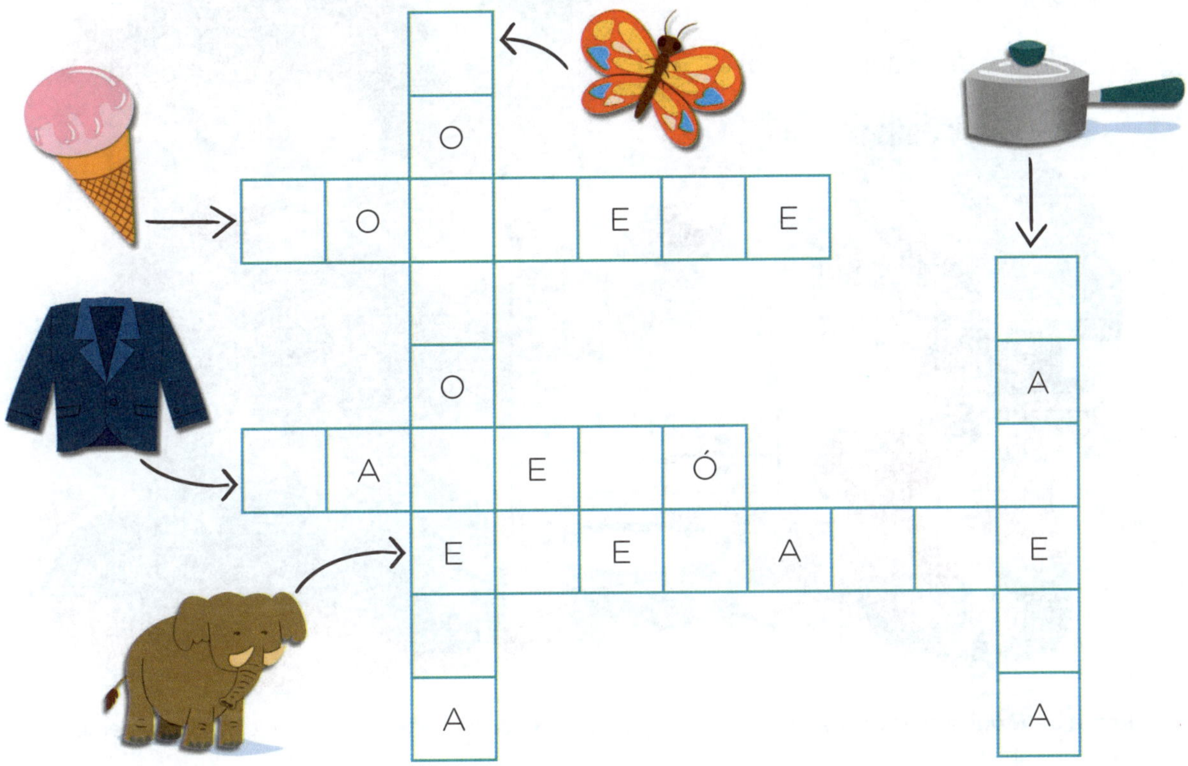

Ilustrações: Ilustra Cartoon/Arquivo da editora

- Agora, complete cada item com uma palavra da cruzadinha.

**a)** Inseto que voa: ..................................................

**b)** Utensílio de cozinha: ..................................................

**c)** Doce gelado: ..................................................

**d)** Peça de roupa: ..................................................

**e)** Mamífero pesado e que tem tromba: ..................................................

## Encontros consonantais

Leia o texto a seguir.

— Como é que o folclore antigo
Está vivo até agora?
— Toda criação do povo
Nasce e nunca vai embora!
Os mais velhos vão passando
Para a nova geração.
Ditados, jogos, cantigas,
Histórias de assombração!

Ilustra Cartoon/Arquivo da editora

**Turma da Mônica e o folclore**, de Mauricio de Sousa e Yara Maura Silva. São Paulo: Melhoramentos, 2011.

- Veja as consoantes destacadas nestas palavras:

fo**lcl**ore → **lcl**

e**st**á e hi**st**órias → **st**

**cr**iação → **cr**

assom**br**ação → **br**

Quando duas ou mais consoantes aparecem juntas na mesma palavra e são pronunciadas, elas formam um **encontro consonantal**.

- Seu nome tem algum encontro consonantal?

..............................................................................................................................

# Atividades

**1** Complete as frases substituindo as figuras pelas palavras do quadro.

| | | | | | |
|---|---|---|---|---|---|
| **cofre** | **flauta** | **bicicleta** | **bruxa** | **flor** | **crocodilo** |

**a)** Você sabe tocar  ?

Você sabe tocar ................................................?

**b)** Coloquei mais moedas no  .

Coloquei mais moedas no ................................................

**c)** Mônica desenhou uma  no chapéu da  .

Mônica desenhou uma ................................................ no chapéu da ................................................

**d)** O  descansou na  .

O ................................................ descansou na ................................................

**e)** Andei de  na ciclovia.

Andei de ................................................ na ciclovia.



- Agora, escreva na coluna adequada as palavras das frases acima que apresentam encontro consonantal.

| fl | cl | fr |
|---|---|---|
| | | |
| | | |

| br | cr | gr |
|---|---|---|
| | | |

**2** Substitua os símbolos do quadro pelos encontros consonantais correspondentes e descubra o que está escrito no poema.

|  |  |  |  |  |  |  |
|---|---|---|---|---|---|---|
| bj | st | tr | rd | gr | br | rt |

**Os desaparecidos**

[...]
Aás da parede, ..............................
soe o teto ..............................
ou sob o chão,
num canto do jaim, ..............................
do pomar ou do porão,
exie um lugar alee ..............................
onde oetos peidos ..............................
nunca estão sós.
Vivem a se diveir, ..............................
rindo de nós!

**Remar, rimar**, de Teresa Noronha.
São Paulo: Scipione, 2009.

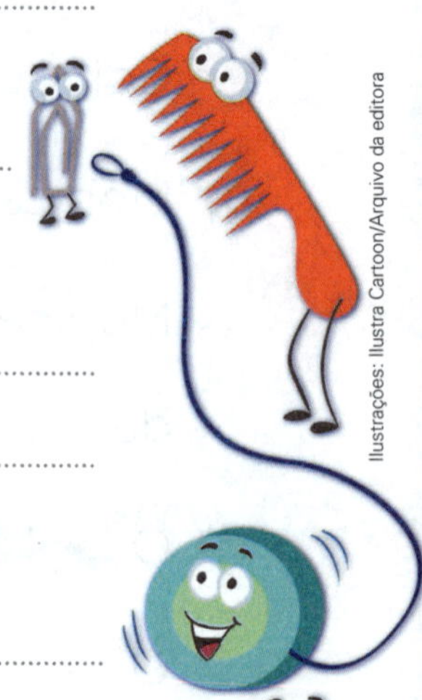

Ilustrações: Ilustra Cartoon/Arquivo da editora

**3** Crie novas palavras acrescentando a letra **r**. Veja o exemplo.

toca → troca ..............................
gato → ..............................
pato → ..............................
tato → ..............................
fita → ..............................
boca → ..............................

- Agora, contorne o encontro consonantal das novas palavras.

**4** Nos nomes destas crianças há encontro consonantal. Complete os nomes com os grupos de letras do quadro. Depois, copie-os.

| Bru | Flá | Gra | Cla | dro | Gláu |
|---|---|---|---|---|---|

©erics/Shutterstock

..................via

..................................................

Valua Vitaly/Shutterstock

Pe..................

..................................................

Joana Kruse/Shutterstock

..................ziela

..................................................

kao/Shutterstock

..................ra

..................................................

Lopolo/Shutterstock

..................cia

..................................................

Blend Images/Shutterstock

..................no

..................................................

**5** Contorne no diagrama onze palavras com encontro consonantal.

| | | | | | | | | | | | | | | | | | | | | |
|---|---|---|---|---|---|---|---|---|---|---|---|---|---|---|---|---|---|---|---|---|
| M | R | E | S | F | R | I | A | D | O | I | R | C | D | C | R | I | V | R | M |
| S | U | R | P | R | E | S | A | I | F | O | R | M | I | G | A | S | D | U | I |
| L | G | R | A | V | A | T | A | W | A | U | F | L | O | R | E | S | T | A | W |
| B | R | I | G | A | D | E | I | R | O | T | A | V | F | A | W | Q | T | R | R |
| H | U | L | R | A | A | R | T | I | S | T | A | I | Z | V | P | U | L | G | A |
| A | O | M | T | W | T | J | A | R | D | I | N | E | I | R | O | K | G | O | R |
| K | S | A | D | V | O | G | A | D | O | T | E | W | M | N | D | V | U | S | D |
| D | B | A | X | A | T | L | E | T | I | S | M | O | P | F | O | W | U | B | S |

- Agora, escreva no caderno as palavras que você contornou e pinte os encontros consonantais.

## Ortografia → f, v

**1** Leia a quadrinha e contorne as palavras escritas com **f** e **v**.

Mastigando a dentadura,
Sem cortar capim com faca,
Come a grama verde e dura.
Devagar almoça a vaca.

Ilustra Cartoon/Arquivo da editora

**ABC da bicharada**, de Gláucia de Souza. São Paulo: Prumo, 2009.

- Agora, copie nas colunas adequadas as palavras que você contornou.

| Palavras com f | Palavras com v |
|---|---|
| | |
| | |
| | |

**2** Complete cada nome com a letra **f** ou **v**.

| | |
|---|---|
| ..................aléria | ..................erônica |
| ..................ernanda | ..................abiano |
| ..................ábio | ..................átima |
| ..................aldemar | ..................ioleta |

**3** Complete as palavras com **f** ou **v**. Depois, ilustre-as.

| ............**entilador** | ............**lor** |
|---|---|
| | |

**4** Escreva as palavras do quadro nos espaços corretos para completar as frases.

**a)** Mamãe cortou meu pão com a ..............................

Tomei leite tirado da .............................. malhada.

| faca |
|---|
| vaca |

**b)** Edu não .............................. o dever de casa.

Agora é sua .............................. de jogar.

| fez |
|---|
| vez |

**c)** O aluno novo .............................. de outra escola.

Falar mentira é um costume muito ..............................!

| feio |
|---|
| veio |

**d)** Na .............................. onde moro há poucos prédios.

Fiquei uma hora na .............................. do cinema.

| fila |
|---|
| vila |

# 5 SÍLABA

Leia a parlenda com os colegas.

Uni, duni, tê,
Salamê, minguê,
Um sorvete colorê,
O escolhido foi você!

Parlenda popular.

Ilustra Cartoon/Arquivo da editora

Pronuncie as letras abaixo, observando o som de cada uma.

| | | | | | | |
|---|---|---|---|---|---|---|
| S | O | R | V | E | T | E |

Agora, leia estes três grupos de sons.

| | | |
|---|---|---|
| SOR | VE | TE |

Cada grupo de sons de uma palavra que é emitido de uma só vez é chamado de **sílaba**.

As palavras podem ter:

1 sílaba → um → um

2 sílabas → você → vo | cê

3 sílabas → sorvete → sor | ve | te

4 sílabas ou mais → escolhido → es | co | lhi | do

## Atividades

**1** Escreva o nome das frutas nos quadrinhos e indique quantas letras e quantas sílabas cada palavra tem. Veja o exemplo.

Dionisvera/Shutterstock

| a | m | o | r | a | → | 5 |
|---|---|---|---|---|---|---|

| a | mo | ra | → | 3 |
|---|---|---|---|---|

amora

Chiyacat/Shutterstock

Valery121283/Shutterstock

Paulo Vilela/Shutterstock

Valentyn Volkov/Shutterstock

**2** Complete a cantiga substituindo os números entre parênteses pelas sílabas do quadro correspondente.

| 1 | 2 | 3 | 4 | 5 | 6 | 7 | 8 | 9 | 10 | 11 |
|---|---|---|---|---|---|---|---|---|---|---|
| ca | Jo | no | pei | a | na | xi | fun | nho | do | dar |

A .................................................. virou (1, 3, 5)
Por deixarem-na virar
Foi por causa da .................................................. (2, 5, 6)
Que não soube remar
Se eu fosse um .................................................. (4, 7, 9)
E soubesse .................................................. (6, 11)
Eu tirava a .................................................. (2, 5, 6)
Lá do .................................................. do mar (8, 10)

Cantiga popular.

Ilustra Cartoon/Arquivo da editora

**3** Junte as sílabas destacadas nos nomes das figuras e forme uma nova palavra.

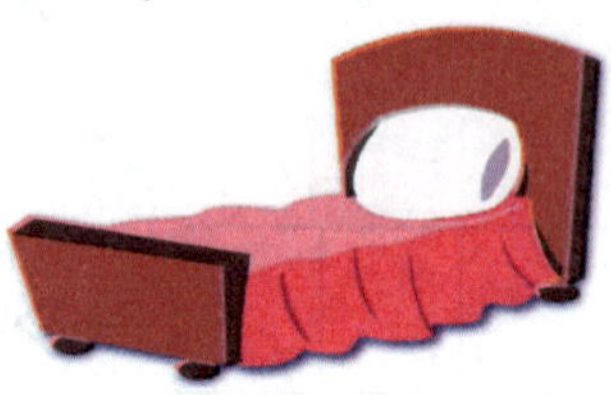

cama

casaco

copo

Ilustrações: Ilustra Cartoon/Arquivo da editora

..................................................................................................

- Agora, represente com um desenho a palavra formada.

**4** Escreva o nome das figuras, separando-o em sílabas.

> Palavras com uma sílaba não podem ser separadas.

Ilustrações: Ilustra Cartoon/Arquivo da editora

- Agora, escreva as palavras que têm:

**a)** 1 sílaba. ______, ______

**b)** 2 sílabas. ______, ______

**c)** 3 sílabas. ______, ______

**d)** 4 sílabas. ______, ______

# Ortografia m antes de b e p; m e n em final de sílaba

**1** Leia a quadrinha e observe as palavras destacadas.

**Colombina** se casou
no colorido Carnaval.
Cada um tocou, cantou
e **cumprimentou** o casal.

Ilustra Cartoon/Arquivo da editora

**As letras:** quadrinhas dos filopatas, de Elisabeth Bosetti e Simone Goulfier. São Paulo: Scipione, 1996.

**a)** Nessas palavras, que letra aparece antes de **b** e **p**? ..........

**b)** E na palavra **cantou**, que letra aparece antes de **t**? ..........

> Antes das letras **b** e **p** usamos **m**.
> Antes das demais consoantes usamos **n**.

**2** Leia as quadrinhas abaixo.

**Companheiro**, me ajude,
Que eu não posso **cantar** só.
Eu sozinho canto bem,
Com você **canto** melhor.

Eu chupei uma **laranja**,
As **sementes** deitei fora.
Da casca fiz um barquinho:
— Meu amor, vamos **embora**!

**Cantigas, adivinhas e outros versos**. v. 2. São Paulo: Melhoramentos, 2010.

- Agora, escreva as palavras destacadas que têm:

**a)** **m** antes de **b**. ..........

**b)** **m** antes de **p**. ..........

**c)** **n** antes de outras consoantes. ..........

..........

**3** Acrescente a letra **m** e forme novas palavras. Veja o exemplo.

tapa → tampa

rapa → ..................

baba → ..................

papa → ..................

lobo → ..................

sobra → ..................

**4** Agora, acrescente a letra **n** e forme outras palavras.

nuca → ..................

mata → ..................

padeiro → ..................

mudo → ..................

**5** Complete o nome das figuras com **m** ou **n**.

pe.......te

co.......putador

a.......jo

ha.......búrguer

e.......pada

po.......ba

o.......ça

a.......zol



**a)** Quais desses nomes seguiram a regra "**m** antes de **p** e **b**"?

..................

..................

**b)** Quais desses nomes você completou com **n** e não com **m**? Por quê?

..................

..................

## 6 Leia as palavras e contorne a última letra de cada uma.

| | | |
|---|---|---|
| batom | pudim | imagem |
| garagem | armazém | sim |

- O que essas palavras têm em comum?

..............................................................................................................

No final das palavras geralmente usamos **m**.

## 7 Complete as palavras das frases com **m** ou **n**.

Ferna............do já está nada............do be............ .

Yasmi............ te............ ce............ reais.

Ilustrações: Ilustra Cartoon/Arquivo da editora

Sama............ta lava os cabelos com xa............pu i............fa............til.

O ônibus está i............do para Ca............pinas.

**8** Leia um trecho da história **O pequeno príncipe** e complete as palavras com **m** ou **n**.

O pequeno prí.............cipe, depois de muito caminhar, chegou a um jardi............. cheio de rosas.

— Bo............. dia — disse ele.

— Bom dia — dissera............. as rosas.

O pequeno príncipe as **co**.............**te**.............**plou**. Eram todas iguais à sua flor. E ele pe.............sou: "Eu me imaginava rico por possuir a única flor que existia, e possuo apenas uma rosa comu.............. Isso não faz de mim um príncipe dos maiores". E, deitado na grama, ele chorou.

**Contemplar**: observar com encantamento.

**O pequeno príncipe para crianças,** de Antoine de Saint-Exupéry. Adaptação e tradução de Geraldo Carneiro e Ana Paula Pedro. Rio de Janeiro: Agir, 2015.

Ilustra Cartoon/Arquivo da editora

**9** Agora, escreva duas frases usando uma das palavras que você completou no texto da atividade 8.

.....................................................................................................................................

.....................................................................................................................................

.....................................................................................................................................

.....................................................................................................................................

.....................................................................................................................................

**1** Leia o poema, em voz alta, com seus colegas.

**R de receita**

O rato
fez macarrão
com o cordão
do seu sapato,
veio o sapo
e pulou corda
com o macarrão
do rato,

a minhoca
fez nhoque
com a corda
do seu sapo,
depois veio
o avestruz,
papou tudo
— Credo cruz!

**Pare no P da poesia**, de Elza Beatriz.
São Paulo: FTD, 2013.

**a)** Contorne no poema lido as seguintes palavras:

**cordão** **sapato** **minhoca** **avestruz**

- Agora, separe as sílabas dessas palavras.

..............................................................................................................

**b)** Qual dessas palavras tem menos de três sílabas? ..............................

**c)** Qual dessas palavras tem:

- Encontro vocálico? ..............................
- Encontro consonantal? ..............................

**2** Você sabia que a araucária é a árvore símbolo do estado do Paraná? Complete as palavras com os encontros vocálicos ou encontros consonantais adequados e conheça um pouco mais sobre esse estado.

Zig Koch/Natureza Brasileira

| pr | ua | mb | aio | gr | ia | au |
|---|---|---|---|---|---|---|

**a)** O pinhão, semente da ar..........................cária, é muito utilizado na culinár.......................... paranaense.

**b)** A ..........................alha-azul é a ave sí..........................olo do Paraná.

**c)** C..........................bá e G..........................ratuba são duas famosas ..........................aias paranaenses.

**3** Complete a cruzadinha com algumas das palavras da atividade anterior. Atenção para as dicas:

1. Tem um encontro consonantal e um encontro vocálico.
2. Tem dois encontros vocálicos.
3. Tem um encontro vocálico e três sílabas.
4. Começa com **p**.
5. Tem um encontro vocálico e cinco sílabas.

# UNIDADE 2

# PALAVRAS ACENTUADAS

### Entre nesta roda

- O que as crianças estão fazendo na cena? Você já foi a algum lugar como este?
- Na cena, qual nome de brinquedo tem acento agudo? E em qual deles foi usado o til?

### Nesta Unidade vamos estudar...

- Acento agudo
- Acento circunflexo
- Til
- Cedilha
- Vírgula e ponto final
- Ponto de interrogação e ponto de exclamação
- Travessão e dois-pontos
- Frase
- Frases afirmativas e negativas

Bruna Assis Brasil/Arquivo da editora

# 6 ACENTO AGUDO

Leia o texto e observe, nas palavras destacadas, o sinal em cima das vogais.

— Aqui no **Sítio** do Picapau Amarelo todo mundo é inventor, **até** mesmo a Tia **Nastácia** — diz Narizinho, saboreando um delicioso doce de **abóbora** com coco.

— Tia **Nastácia**? Essa é boa! — exclama **Emília**.

— **É** isso mesmo, **Emília**. Se existe **alguém** capaz de inventar gostosuras e mais gostosuras, esse alguém é a Tia **Nastácia**. A danada transforma coisas sem graça, como **abóboras** e batatas, em doces de dar **água** na boca — explica Narizinho.

[...]

**O sabugo inventor: histórias para ler, criar e representar**, de Conceição Fenille Molinaro. São Paulo: Globo, 2004.

Ilustra Cartoon/Arquivo da editora

O sinal que aparece sobre as vogais nas palavras destacadas é o **acento agudo**. Ele indica a pronúncia das vogais e também a sílaba pronunciada com mais força, como **sí**-tio, a-**té**.

O sinal ´ é chamado de **acento agudo**.

O acento agudo é colocado somente sobre as vogais.

- No texto, quais são os nomes próprios que têm acento agudo?

.......................................................................................

- Você conhece outro nome próprio que tem acento agudo? Qual?

.......................................................................................

## Atividades

**1** Qual é a figura intrusa? Descubra-a e contorne-a.

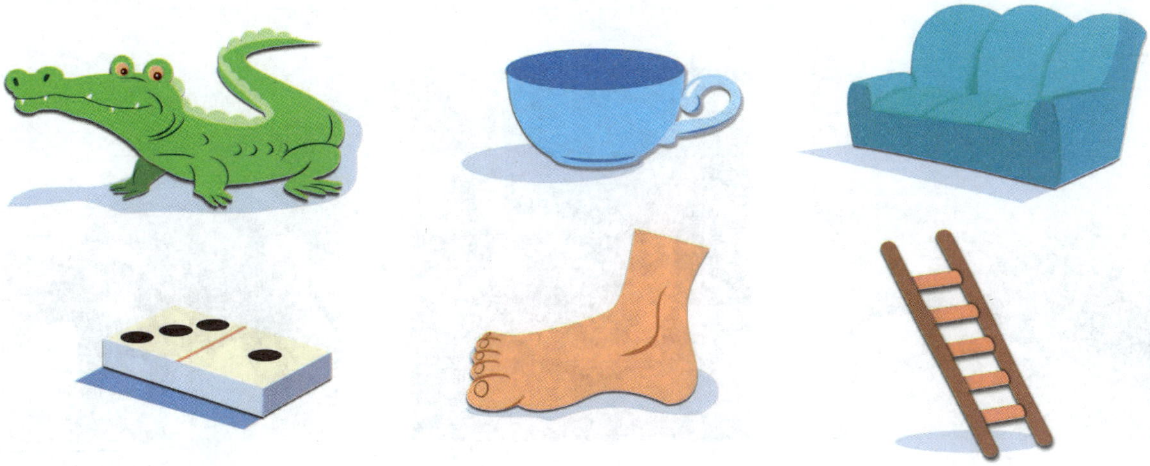

Ilustrações: Ilustra Cartoon/Arquivo da editora

- Agora, complete as frases com o nome das figuras que tem acento agudo.

**a)** José tomou uma .................................................... de café.

**b)** Bárbara se deitou no .................................................... e dormiu.

**c)** Luís machucou o .................................................... .

**d)** Patrícia viu um .................................................... nadando no rio.

**e)** Cláudio joga .................................................... com Lúcia.

**2** Recorte, de jornais e revistas, cinco palavras que tenham acento agudo. Depois, cole-as abaixo.

**3** Escreva as palavras do quadro nos espaços correspondentes.

| | | | | |
|---|---|---|---|---|
| búfalo | tamanduá | boné | minhoca | coruja |
| cavalo | lápis | bicicleta | óculos | |

COULANGES/Shutterstock

galitsin/Shutterstock

Kirsty Bisset/Shutterstock

Igor Sirbu/Shutterstock

Persevere9/Shutterstock

Heather McPherson/Shutterstock

4Max/Shutterstock

Don Mammoser/Shutterstock

byswat/Shutterstock

- Agora, complete os quadros. Veja os exemplos.

| Palavra com acento agudo | Divisão silábica | Sílaba mais forte |
|---|---|---|
| tamanduá | ta-man-du-á | á |
| | | |
| | | |
| | | |
| | | |

| Palavras sem acento | Divisão silábica | Sílaba mais forte |
|---|---|---|
| minhoca | mi-nho-ca | nho |
| | | |
| | | |
| | | |

**4** Coloque o acento agudo nas palavras destacadas.

**a)** A **vitoria-regia** e uma planta **aquatica**.

**b)** Devemos beber **so agua potavel**.

**c)** No **dicionario**, encontramos os significados das palavras.

**d)** O **helicoptero** é um meio de transporte **aereo**.

## Ortografia → r inicial; rr

**1** Leia e tente memorizar os seguintes versos.

Ilustra Cartoon/Arquivo da editora

O gato amarrado dá para miar
A boa castanha dá para dançar
Este é o gato que pegou o rato
Que roeu a roupa que estava na corda
Que amarrava a bota do Gato de Botas

**Parlendas para brincar**,
de Lucila Silva de Almeida e Josca Ailine Baroukh.
São Paulo: Panda Books, 2013.

**a)** Contorne as palavras do texto com **rr** e as palavras iniciadas com **r**.

**b)** Marque um **X** na opção correta. As letras **rr** aparecem sempre:

☐ no início da palavra.  ☐ entre vogais.

**c)** Complete.

No início das palavras, a letra ........ tem som forte, como em **rato**. Para indicar som forte entre vogais, usamos ........ , como em **amarrado**.

**2** Complete as palavras com **r** ou **rr** e copie-as.

........ ocambole → ........................

maca ........ ão → ........................

fa ........ a → ........................

........ etângulo → ........................

Não existe palavra começada com **rr**.

**3** Escreva as sílabas na ordem correta.

| | | | | | | | | |
|---|---|---|---|---|---|---|---|---|
| gar | ra | ci | | → | | | | |
| gor | gan | ra | | → | | | | |
| be | ra | ba | ter | → | | | | |

- Agora, marque um **X** na resposta certa.

  Na separação de sílabas, as letras **rr** ficam:

  ☐ juntas. ☐ separadas.

**4** Contorne no diagrama dez palavras com **r** e **rr**.

| | | | | | | | | | | | | | | | | | |
|---|---|---|---|---|---|---|---|---|---|---|---|---|---|---|---|---|---|
| O | S | W | B | T | I | K | R | E | M | É | D | I | O | A | D | A | R |
| C | A | R | R | O | Ç | A | Q | E | F | G | Y | J | A | R | R | O | Z |
| E | D | R | E | P | O | L | H | O | C | I | T | R | O | U | P | A | N |
| Z | B | A | E | I | B | O | R | R | A | C | H | A | C | F | K | U | O |
| M | A | C | A | R | R | Ã | O | E | G | R | A | B | A | N | A | D | A |
| W | S | F | R | E | D | E | O | M | T | O | R | R | A | D | A | O | E |

- Agora, escreva essas palavras no quadro.

| **r no início** | **rr** |
|---|---|
| | |
| | |
| | |
| | |
| | |

# 7 ACENTO CIRCUNFLEXO

Leia o texto a seguir.

**Conheça a ave brasileira que tem o canto mais alto de um animal já registrado**

Parceria entre pesquisadores brasileiros e americanos mediu volume do canto da araponga-da-amazônia e descobriu: ele é mais alto que os berros do bisão-americano ou do bugio, e um pouco mais baixo que uma turbina de avião a jato.

Anselmo d'Affonseca/Acervo do fotógrafo

**Araponga-da-amazônia.**

Uma pequena ave, com cerca de 30 cm da ponta do bico à da cauda, pesando em torno de 220 g (mais ou menos do tamanho de um pombo urbano) surpreendeu os pesquisadores que a estudaram recentemente: é o animal que emite o som mais alto entre todos os que vivem no planeta — pelo menos dos que se tem registro.

Trata-se da araponga-da-amazônia (*Procnias albus*), espécie comum em Roraima e no Pará [...].

**Conheça a ave brasileira que tem o canto mais alto de um animal já registrado**, de Evanildo da Silveira. Disponível em: <https://g1.globo.com/mundo/noticia/2019/10/21/conheca-a-ave-brasileira-que-tem-o-canto-mais-alto-de-um-animal-ja-registrado.ghtml>. Acesso em: 30 out. 2019.

Leia em voz alta o nome da ave citada na reportagem acima.

araponga-da-amazônia

O sinal que aparece sobre a vogal **o** no nome araponga-da--amaz**ô**nia é o **acento circunflexo**.

Ele indica a sílaba pronunciada com mais força.

O sinal **^** é chamado de **acento circunflexo**.

O acento circunflexo é colocado sobre as vogais **a**, **e**, **o**.

# Atividades

**1** Escreva o nome das figuras. **Dica:** todos têm acento circunflexo.

Ilustrações: Ilustra Cartoon/Arquivo da editora

.................................... .................................... ....................................

.................................... .................................... ....................................

**2** Complete as frases com as palavras dos quadros.

**a)** maio – maiô

Ilustrações: Ilustra Cartoon/Arquivo da editora

No mês de .................................... comprei um novo ....................................

**b)** bebe – bebê

O .................................... já .................................... água.

**3** Leia a parlenda a seguir e coloque acento circunflexo nas palavras destacadas.

Uni duni **te**
**Salame mingue**
Um sorvete **colore**
O escolhido foi **voce**

Parlenda popular.

Ilustra Cartoon/Arquivo da editora

**4** Separe as sílabas das palavras e acentue a sílaba pronunciada com mais força.

ancora →

| | | |
|---|---|---|
| | | |

estomago →

| | | | |
|---|---|---|---|
| | | | |

lampada →

| | | |
|---|---|---|
| | | |

trico →

| | |
|---|---|
| | |

ambulancia →

| | | | |
|---|---|---|---|
| | | | |

frances →

| | |
|---|---|
| | |

**5** Encontre no diagrama palavras que indicam a nacionalidade de pessoas que nascem em determinados países. Depois, contorne-as.

| | | | | | | | | | | | |
|---|---|---|---|---|---|---|---|---|---|---|---|
| M | J | A | P | O | N | Ê | S | A | P | I | R |
| I | N | G | L | Ê | S | I | R | O | U | R | W |
| L | C | H | I | N | Ê | S | R | E | I | R | O |
| X | D | I | N | A | M | A | R | Q | U | Ê | S |
| O | U | T | H | O | L | A | N | D | Ê | S | R |

**Nacionalidade**: país de nascimento

- Agora, complete as frases adequadamente.

**a)** Quem nasce no Japão é .................................................................

**b)** Quem nasce na Inglaterra é ..........................................................

**c)** Quem nasce na China é ...................................................................

**d)** Quem nasce na Dinamarca é ..........................................................

**e)** Quem nasce na Holanda é ...............................................................

**6** Leia em voz alta o nome das pessoas que vão receber as cartas e escreva o nome delas colocando o acento agudo ou circunflexo na vogal certa.

.....................................

.....................................

.....................................

.....................................

.....................................

.....................................

.....................................

.....................................

# EXPLORANDO O MINIDICIONÁRIO

A língua portuguesa é a língua falada no Brasil.

Os verbetes de dicionário podem ter um ou mais significados. Leia os significados do verbete **língua**.

**língua (lín-gua)** ***substantivo***

**1.** Órgão muscular móvel, situado no interior da boca. A língua nos ajuda a engolir, a sentir o gosto dos alimentos e a falar.

**2.** Conjunto de palavras usadas por um povo e o conjunto de regras da sua gramática: ***língua*** portuguesa; ***língua*** inglesa; ***línguas*** indígenas.

**Aurelinho: dicionário infantil ilustrado da língua portuguesa,** de Aurélio Buarque de Holanda Ferreira. Curitiba: Positivo, 2014.

**1** Quantos significados tem esse verbete?

........................................................................................................

**2** Marque com **X** o significado da palavra **língua** correspondente a cada frase a seguir.

**a)** A língua portuguesa veio de um país chamado Portugal.

☐ significado 1 ☐ significado 2

**b)** Ao escovar os dentes, devemos lembrar de escovar também a língua.

☐ significado 1 ☐ significado 2

**c)** A sopa estava muito quente e José queimou a língua.

☐ significado 1 ☐ significado 2

**d)** Aline estuda espanhol e inglês. Quando crescer, quer falar várias línguas.

☐ significado 1 ☐ significado 2

**e)** O gato de Mateus limpa o próprio pelo com a língua.

☐ significado 1 ☐ significado 2

**f)** Quando duas pessoas não se entendem, dizemos que elas não falam a mesma língua.

☐ significado 1 ☐ significado 2

**3** Abra o **Minidicionário** na letra **G** e copie o verbete que tem oito letras e significa “coleção de gibis de uma biblioteca”.

..........................................................................................

**4** Abra o **Minidicionário** na letra **J** e copie o verbete que tem cinco sílabas e significa “árvore que dá como fruto o jenipapo”.

..........................................................................................

**5** Com a ajuda do professor, procure em dicionários outros verbetes que tenham mais de um significado e copie-os nas linhas a seguir.

..........................................................................................

..........................................................................................

..........................................................................................

..........................................................................................

..........................................................................................

..........................................................................................

..........................................................................................

# NO DIA A DIA

A carta é um meio de comunicação. Você já enviou ou recebeu alguma carta?

As cartas são colocadas dentro de envelopes. Observe como preenchemos o envelope das cartas.

Na frente do envelope escrevemos o nome e o endereço de quem vai receber a carta.

**Frente**

Banco de imagens/Arquivo da editora

No verso do envelope escrevemos o nome e o endereço de quem está enviando a carta.

**Verso**

Banco de imagens/Arquivo da editora

Agora é sua vez! Imagine que você enviará uma carta a um amigo ou parente. Para isso, preencha a frente do envelope abaixo com o nome e o endereço completo dessa pessoa. Depois, preencha o verso com seu nome e endereço completo.

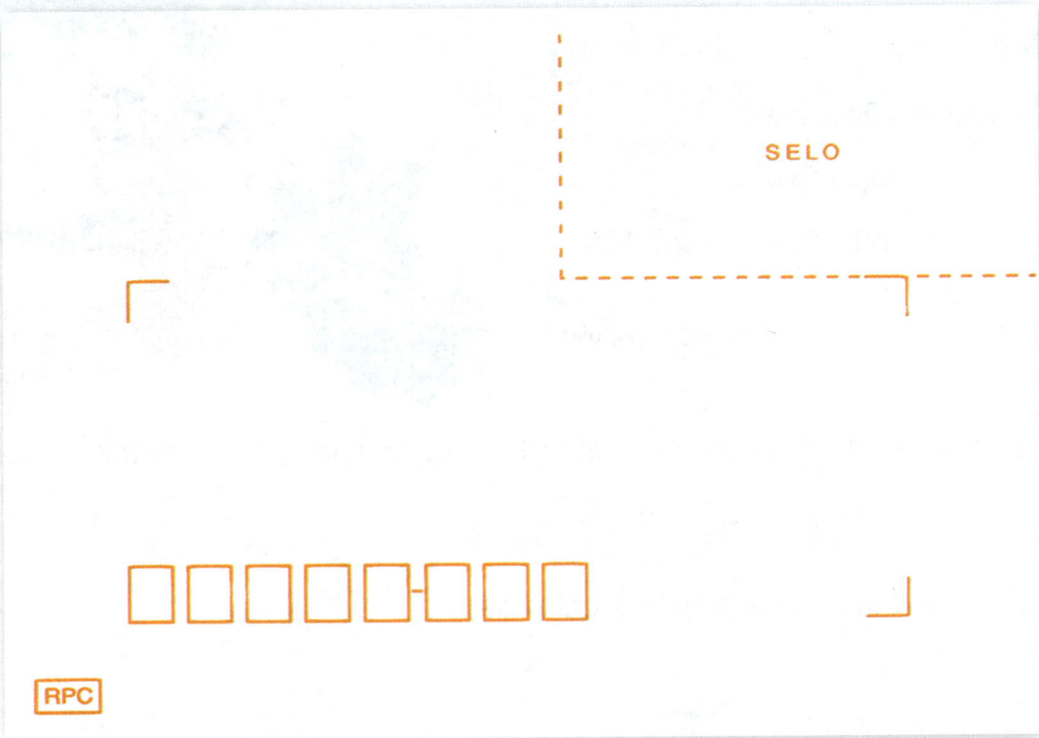


Banco de imagens/Arquivo da editora

Banco de imagens/Arquivo da editora

# Ortografia s inicial; ss

**1** Você conhece o trava-língua abaixo?

**Sabiá**

O sabiá não sabia

Que o sábio sabia

Que o sabiá não sabia assobiar

Trava-língua popular.

Ilustra Cartoon/Arquivo da editora

**a)** Escreva as palavras do trava-língua acima que começam com **s**.

..............................................................................................

**b)** Agora, escreva a palavra com **ss**.

..............................................................................................

**c)** Leia novamente as palavras que você escreveu. O que você percebeu em relação às sílabas que têm **s** e **ss**?

Nas palavras **sabiá**, **sabia**, **sábio** e **assobiar**, as letras **s** e **ss** têm o mesmo som.

**2** Separe as sílabas destas palavras.

suco: .............................................. girassol: ..............................................

professor: .............................................. sacola: ..............................................

passagem: .............................................. assobio: ..............................................

Na separação de sílabas, o grupo **ss** fica separado: pa**s**-**s**a-do.

**3** Contorne no diagrama os nomes das figuras. Depois, escreva-os nos espaços correspondentes.

| | | | | | | | | | | | | | | | | | |
|---|---|---|---|---|---|---|---|---|---|---|---|---|---|---|---|---|---|
| M | J | S | A | P | O | C | S | A | V | A | S | S | O | U | R | A | R |
| S | O | F | Á | H | S | T | R | A | V | E | S | S | E | I | R | O | W |
| L | C | H | I | O | S | S | O | L | P | S | A | P | A | T | O | M | O |
| C | O | M | P | A | S | S | O | Q | H | J | M | V | S | I | N | O | S |
| O | U | T | H | P | A | S | S | A | R | I | N | H | O | F | C | D | E |
| M | O | O | S | E | M | E | N | T | E | H | G | F | D | S | A | E | R |
| G | I | R | A | S | S | O | L | M | N | H | S | O | R | V | E | T | E |

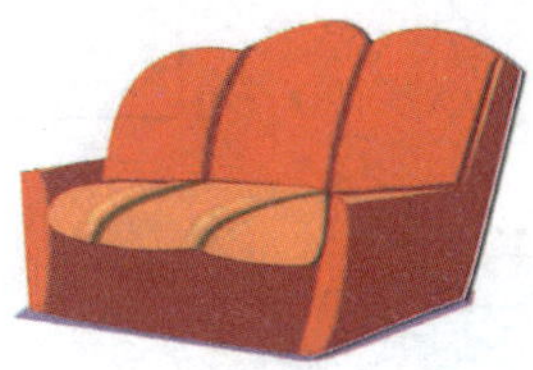
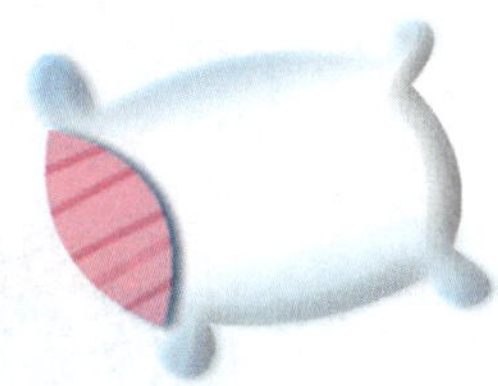

Ilustrações: Ilustra Cartoon/Arquivo da editora

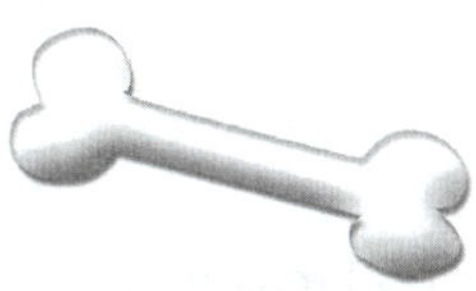

O grupo **ss** vem sempre entre vogais.

**4** Complete as palavras das frases com **s** ou **ss**. Depois, separe-as em sílabas.

Ilustrações: Ilustra Cartoon/Arquivo da editora

**a)** 

Recebi uma carta com dois ..................elos.

**b)** 

Você gosta de pê..................ego?

**c)** 

O ..................ubmarino está embaixo da água.

**d)** 

Os dino..................auros foram extintos.

**e)** 

Dez mais sete é igual a deze..................ete.

Nunca se inicia palavra com **ss**.

**5** O que é, o que é? Responda completando com consoantes.
**Dica:** todas as palavras iniciam com **s**.

**a)** Sabão perfumado, usado na higiene do corpo.

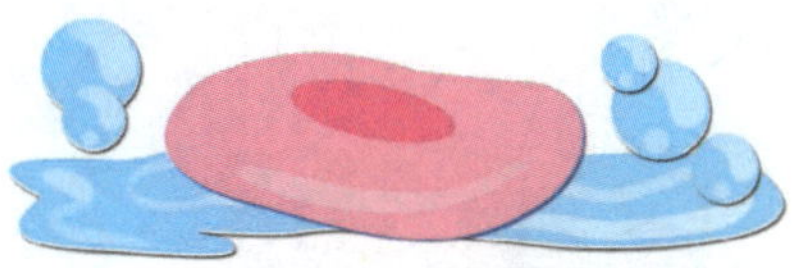

.............. a .............. o .............. e .............. e

**b)** Prato preparado com verduras, legumes etc., temperado e servido frio.

.............. a .............. a .............. a

Ilustrações: Ilustra Cartoon/Arquivo da editora

**6** Escreva os números das partes que formam cada figura. Depois, escreva o nome das figuras, observando o quadro abaixo. Veja o exemplo.

**soldado** **seringa** **saci** **sagui**

Ilustrações: Ilustra Cartoon/Arquivo da editora

| | |
|---|---|
| 1, 4, 9 → seringa | |
| | |

# 8 EMPREGO DO TIL

Leia a capa de uma revista em quadrinhos.

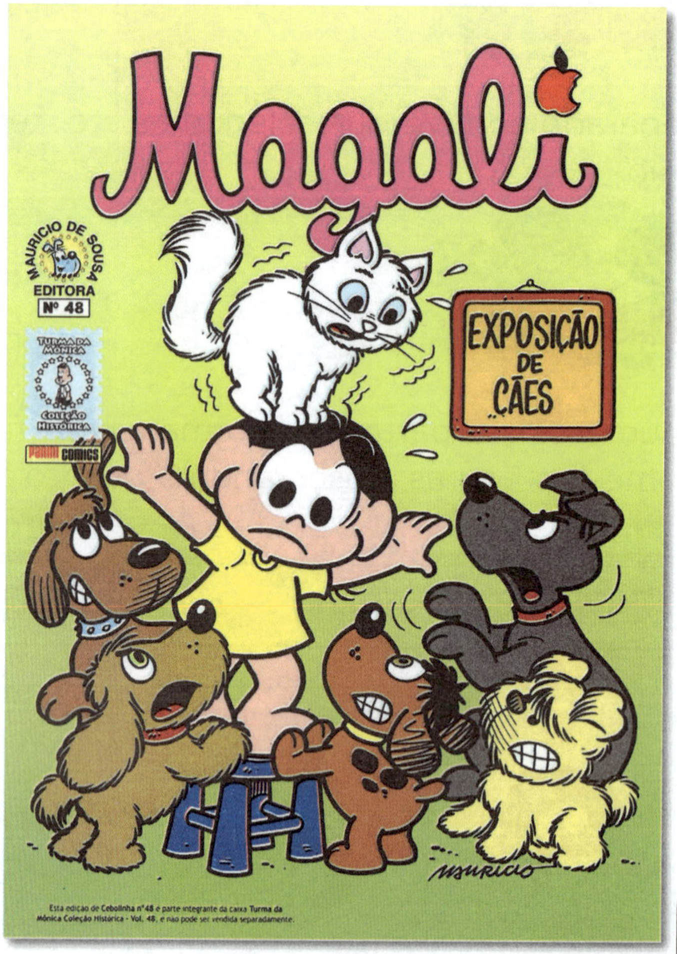




**Magali**, de Mauricio de Sousa.
São Paulo: Panini Comics, n. 48, jul. 2015.

Leia estas palavras em voz alta. Observe o sinal sobre as letras destacadas.

| | |
|---|---|
| exposiç**ã**o | c**ã**es |

Esse sinal indica o som nasal da vogal **a** destacada nessas palavras.

O sinal ~ é chamado de **til**.

Ele é usado sobre as vogais **a** e **o** para indicar o som nasal.

## Atividades

**1** Distribua as palavras do quadro na coluna correspondente.

| | | | | |
|---|---|---|---|---|
| **lição** | **salões** | **cães** | **camarões** | **refeições** |
| **botões** | **casarão** | **tubarões** | **portão** | **lã** |

| Til na vogal a | Til na vogal o |
|---|---|
| | |
| | |
| | |
| | |
| | |

**2** Substitua as figuras por palavras. **Dica:** todas as palavras têm til.

**a)** Soltar  é crime.

Soltar .................................................. é crime.

**b)** O  e o  são meios de transporte.

O .................................................. e o .................................................. são meios de transporte.

**c)** A , o  e o 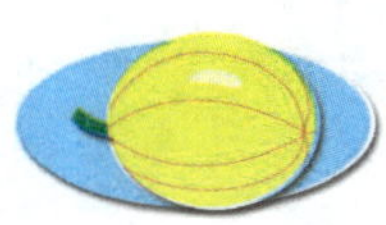 são frutas deliciosas.

A .................................................., o .................................................. e o

.................................................. são frutas deliciosas.

Ilustrações: Ilustra Cartoon/Arquivo da editora

**3** Em uma das palavras destacadas está faltando o til. Leia a frase em voz alta e coloque-o.

Ilustra Cartoon/Arquivo da editora

Todo dia de **manha**, Leo faz **manha** na hora de levantar.

**4** Contorne a palavra que não pertence ao grupo.

| 1 | 2 | 3 |
|---|---|---|
| limão | leão | avião |
| mamão | mão | acordeão |
| sabão | pavão | violão |
| melão | gavião | órgão |

**5** Leia as palavras do quadro.

| | | | | |
|---|---|---|---|---|
| **pulando** | **rolimã** | **opinião** | **bingo** | **ambulância** |
| **botão** | **dentro** | **piões** | **coração** | **lembrança** |

**a)** Quais palavras do quadro apresentam som nasal com **til**?

..................................................................................

..................................................................................

**b)** Quais palavras do quadro apresentam som nasal com **m** ou **n**?

..................................................................................

..................................................................................

O som nasal também pode ser representado pelas letras **m** e **n** após vogais.

**6** Complete as cantigas a seguir com as palavras do quadro.

| | | | |
|---|---|---|---|
| **sabão** | **chão** | **irmão** | **balão** |
| **mão** | **não** | **põe** | **melão** |

Cai, cai, ..........................................

Cai, cai, ..........................................

Aqui na minha ..........................................!

.......................................... cai, não

.......................................... cai, não

.......................................... cai, não

Cai na rua do ..........................................!

De abóbora faz ..........................................,

De .......................................... faz melancia.

Faz doce, sinhá, faz doce, sinhá,

Faz doce de maracujá.

Ilustrações: Ilustra Cartoon/Arquivo da editora

Terezinha de Jesus

De uma queda

Foi ao ..........................................

Acudiram três cavalheiros,

Todos os três de chapéu na ..........................................

O primeiro foi seu pai,

O segundo, seu ..........................................,

O terceiro foi aquele

A quem Tereza deu a ..........................................

Escravos de Jó

Jogavam caxangá

Tira, ..........................................,

Deixa ficar!

Guerreiros com guerreiros

Fazem zigue, zigue, zá!

Cantigas populares.

# Ortografia h inicial

**1** Leia estes quadrinhos. Eles fazem parte de uma história chamada **A lenda do trono de ouro**.

**Disney BIG**. 3. ed. São Paulo: Abril, 2009.

**a)** Leia em voz alta as seguintes palavras do texto.

**hospedar** **houve** **hotel** **hóspedes** **hoje**

**b)** Agora, leia em voz alta as palavras do quadro abaixo.

| | | | | |
|---|---|---|---|---|
| **ostra** | **ovo** | **otimista** | **óculos** | **ojeriza** |

- Compare essas palavras com as que você leu no quadro da página anterior e responda: A letra **h** tem som no início das palavras?

☐ Não. ☐ Sim.

**2** Contorne no diagrama dez palavras e escreva-as na coluna correspondente do quadro abaixo.

| | | | | | | | | | | | | | | | |
|---|---|---|---|---|---|---|---|---|---|---|---|---|---|---|---|
| L | P | O | H | E | R | Ó | I | T | D | S | W | Q | X | B | V |
| M | J | S | E | S | P | I | G | A | V | A | H | U | G | O | R |
| S | O | F | U | L | I | S | S | E | S | P | B | N | M | I | R |
| L | C | H | I | G | I | E | N | E | P | S | I | D | A | D | E |
| C | W | H | A | M | B | Ú | R | G | U | E | R | V | S | I | N |
| A | V | E | I | A | H | S | S | A | R | I | N | H | O | F | C |
| M | O | O | S | E | H | O | R | R | Í | V | E | L | D | S | A |
| G | K | R | O | R | A | Ç | Ã | O | N | H | S | O | R | V | E |
| P | O | I | U | N | T | R | E | W | Q | A | S | D | F | G | H |

| Palavras iniciadas com h | Palavras iniciadas com vogal |
|---|---|
| | |
| | |
| | |
| | |
| | |

No início das palavras, a letra **h** não tem som.

# 9 CEDILHA

Leia o texto a seguir.

**Maravilhas do céu noturno**

[...] Durante milhares de anos, ao observar o céu à noite, as pessoas descobriram formas conhecidas, principalmente ligando os pontos luminosos, como se o céu fosse um gigantesco quebra-cabeça, desses em que a gente liga os pontos para formar um desenho. Elas viam formas humanas, animais e outras figuras, da mesma forma que, durante o dia, a gente observa uma nuvem fofa e vê nela a imagem de um coelho, de um ônibus ou de algum outro objeto engraçado. [...]

**Céu noturno, uma introdução para crianças: a história das estrelas, dos planetas e das constelações e informações sobre como localizá-los no céu**, de Michael Driscoll. São Paulo: Panda Books, 2009.

Ilustra Cartoon/Arquivo da editora

Observe estas palavras.

quebra-cabe**ça** engra**ça**do

O sinal embaixo da letra **c** se chama **cedilha**.

A **cedilha** indica que o som do **c** é semelhante ao som **sê**. Ela é usada antes das vogais **a**, **o** e **u**.

# Atividades

**1** Escreva as palavras abaixo para completar as frases a seguir.

| **laço** | **tranças** | **açúcar** |
|---|---|---|

**a)** Rita gosta de usar .................................. no cabelo.

**b)** O palhaço usava um .................................. no pescoço.

Ilustrações: Ilustra Cartoon/Arquivo da editora

**c)** O moço bebeu uma limonada com ...................................

**2** Ordene as sílabas para formar as palavras.

**a)**  | an | cri | ça | → ..................................

**b)**  | ço | pes | co | → ..................................

**c)** 

| car | a | çú | → ..................................

**3** Leia em voz alta as palavras ao lado e escreva-as nos espaços para completar a frase.

| **faca** | **faça** |
|---|---|

*Corte ao meio a laranja com uma .................................. e .................................. um delicioso suco.*

# Ortografia c, ç

**1** Leia o poema e observe.

Ilustra Cartoon/Arquivo da editora

Sou o **c**,
uma letra especial!
Junto com **a**, **o**, **u**
faço **ca**, **co**, **cu**.
Se me colocam um sinal,
mudo de som:
faço **ça**, **ço**, **çu**.

Junto do **e** e do **i**
sozinha me garanto,
não preciso do sinal,
faço sempre o mesmo som:
**ce**, **ci**.

Os autores.

- Antes de quais vogais o **ç** é usado?

.................................................................................................

Não se começa nenhuma palavra com **ç** nem se usa cedilha antes de **e** e de **i**.

**2** Copie no quadro as palavras da lousa representada abaixo, completando-as com **c** ou **ç** no lugar dos símbolos.

Ilustra Cartoon/Arquivo da editora

| Palavras com c | Palavras com ç |
| --- | --- |
| | |
| | |
| | |

**3** Ordene as sílabas e forme palavras.

Ilustrações: Ilustra Cartoon/Arquivo da editora

| | | |
|---|---|---|
| ção | co | ra |

| | |
|---|---|
| çã | ma |

| | | |
|---|---|---|
| lan | ba | ça |

| | | |
|---|---|---|
| fa | al | ce |

| | | | |
|---|---|---|---|
| lan | a | ci | me |

| | |
|---|---|
| ca | cer |

- Distribua no quadro as palavras que você formou.

| Palavras com c | Palavras com ç |
|---|---|
| | |
| | |
| | |

# 10 SINAIS DE PONTUAÇÃO

## Vírgula e ponto final

Leia o texto com o professor e os colegas.

Procure brincar bastante
e praticar exercícios. Futebol,
natação, vôlei, basquete,
bicicleta, skate, patins, corrida,
pega-pega, esconde-esconde,
pular corda e mil outras
atividades deixam o coração
muito mais forte.

Ilustra Cartoon/Arquivo da editora

**Bate, bate, coração**, de Lalau e Laurabeatriz. Barueri: Amarilys, 2013.

Observe no texto os sinais de pontuação destacados.

O sinal , é a vírgula. Ela é usada para:

- separar palavras em uma enumeração, como no exemplo abaixo.

Hoje tomei vitamina de mamão, banana, maçã e abacate.

- separar o nome do lugar, nas datas, como indicado abaixo.

Curitiba, 7 de abril de 2020.

- separar o nome da rua, nos endereços, como abaixo.

Rua das Laranjeiras, 250.

O sinal . é o ponto final. Ele é usado no fim da frase para concluir uma ideia, como no exemplo abaixo.

Adoro ler livros de contos.

# Atividades

**1** Escreva os sinais de pontuação correspondentes aos símbolos. Veja o código.

| ★ vírgula | ◆ ponto final |
|---|---|

Os espaços verdes são ideais para caminhar ★.......... correr ★.......... fazer exercícios ★.......... brincar ao ar livre e aproveitar o contato com a natureza ◆.......... Mas as praças também trazem outros benefícios para as cidades ◆.......... Suas plantas liberam oxigênio e capturam parte das partículas e dos gases que poluem a atmosfera ◆.......... Além disso, quando chove, a água é absorvida pela terra das praças e volta aos rios subterrâneos que correm por baixo do solo, evitando alagamentos ◆..........

**Ecologia até na sopa**, de Mariela Kogan e Ileana Lotersztain. São Paulo: Companhia das Letrinhas, 2019.

**2** Coloque a vírgula onde for necessário.

**a)** Marta ganhou sandálias.......... um vestido.......... uma tiara e um cinto.

**b)** Araraquara.......... 15 de outubro de 2020.

**c)** Pedro mora na Rua das Margaridas.......... 27.

**3** Escreva o nome da cidade onde você mora e a data de hoje (dia, mês e ano).

..........................................................................

..........................................................................

..........................................................................

Ilustra Cartoon/Arquivo da editora

# Ortografia g, j; ge, gi; je, ji

**1** Leia um trecho da história **João e os 10 pés de feijão**.

**Era uma vez**

Ilustra Cartoon/Arquivo da editora

Um menino chamado **João** que vivia com sua mãe num casebre bem **longe** da cidade.

Eles eram pobres, muito pobres, pobres de dar dó. [...]

Então a mãe de João disse:

— Meu filho, nosso dinheiro acabou e nossa vaquinha secou. Vá até o mercado e **veja** se alguém quer comprá-la.

João pegou o animal pelo cabresto e foi até a cidade. Porém, antes que chegasse lá, um homem de cavanhaque lhe perguntou:

— Ei, garoto, não quer trocar essa vaca por um grão de feijão?

— Rá, rá, essa é boa. O senhor pensa que eu sou bobo?

— Mas é um feijão **mágico**.

**João e os 10 pés de feijão**, de José Roberto Torero e Marcus Aurelius Pimenta. Rio de Janeiro: Objetiva, 2015.

- Escreva as palavras destacadas na coluna certa.

| Palavras com g | Palavras com j |
| --- | --- |
| | |
| | |

Antes de **e** ou **i**, a letra **g** tem o mesmo som da letra **j**.

**2** Contorne no diagrama quatro palavras com **g** e quatro palavras com **j**.

| | | | | | | | | | | | | | | |
|---|---|---|---|---|---|---|---|---|---|---|---|---|---|---|
| M | B | C | Z | L | J | G | D | J | A | N | E | I | R | O |
| E | Q | N | G | E | R | E | N | T | E | R | W | S | D | U |
| L | K | E | V | Z | J | E | N | I | P | A | P | O | B | D |
| X | J | U | L | H | O | T | C | L | E | T | A | H | V | S |
| Z | G | V | E | G | E | T | A | L | E | T | R | A | E | F |
| E | D | Q | V | B | T | I | C | R | V | I | G | I | A | W |
| V | G | J | T | C | A | N | J | I | C | A | O | R | G | Y |
| A | B | L | E | I | P | G | E | L | E | I | A | T | B | N |

- Agora, escreva na coluna correspondente as palavras que você contornou.

| Escreve-se com g | Escreve-se com j |
|---|---|
| | |
| | |
| | |
| | |

**3** Organize as sílabas e escreva o nome das figuras.

| | | | |
|---|---|---|---|
| na | tan | ge | ri |

..............................................................

| | | |
|---|---|---|
| gan | te | gi |

..............................................................

| | | | |
|---|---|---|---|
| la | ra | ge | dei |

..............................................................

| | | |
|---|---|---|
| fa | gi | ra |

..............................................................

Ilustrações: Ilustra Cartoon/Arquivo da editora

**4** Escreva as palavras substituindo os símbolos pelas letras correspondentes.

✷ → **g**  ❉ → **j**

relóg✷io

fri✷ideira

laran❉eira



.......................... .......................... ..........................

✷irassol

ma❉estade



.......................... ..........................

❉ipe

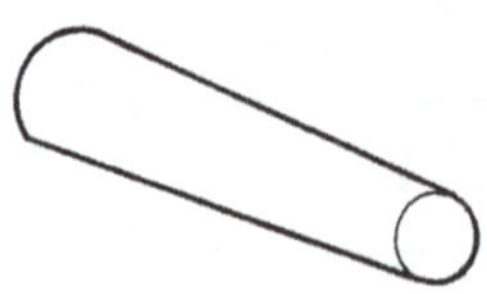

✷iz

refri✷erante



.......................... .......................... ..........................

- Agora, pinte as ilustrações das palavras que são escritas com **j**.

**5** Escreva o nome das figuras de acordo com o número.

1

2

3

Ilustra Cartoon/Arquivo da editora

| | | | | | | |
|---|---|---|---|---|---|---|
| 1 | | | | | | |
| 2 | | | | | | |
| 3 | | | | | | |
| 4 | | | | | | |
| 5 | | | | | | |
| 6 | | | | | | |

4

5

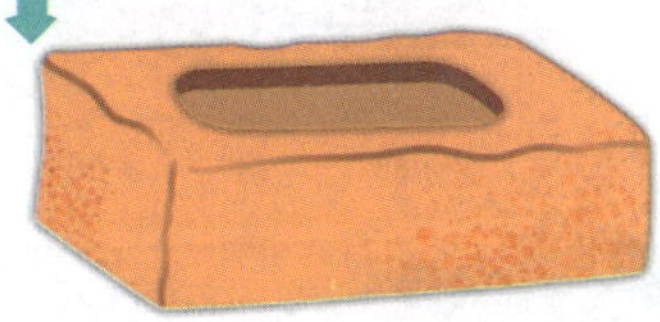

6

**6** Junte as sílabas da mesma cor e forme palavras.

| | | | | |
|---|---|---|---|---|
| gor | ca | can | je | i |
| nás | ma | ta | ji | gi |
| na | ti | gi | ção | ca |

........................................ ........................................

........................................ ........................................

## Ponto de interrogação e ponto de exclamação

Leia esta anedota.

A professora pergunta para o Rodrigo:

— Onde fica a América?

E o Rodrigo responde apontando no mapa. A professora, então, pergunta para o Pedro:

— Quem descobriu a América?

E o Pedro responde:

— Foi o Rodrigo, professora!

Ilustra Cartoon/Arquivo da editora

**O melhor do Proibido para Maiores: seleção especial de piadas para crianças,** de Paulo Tadeu. São Paulo: Matrix, 2014.

Observe os sinais de pontuação destacados no texto.

O sinal **?** é o **ponto de interrogação**. Ele é usado para indicar uma pergunta.

O sinal **!** é o **ponto de exclamação**. Ele é usado para indicar alegria, admiração, surpresa, medo, ordem.

# Atividades

**1** Leia dois trechos de um livro que fala sobre perigo. Depois, coloque os pontos de interrogação e os pontos finais.

O que será
que o perigo faz
com quem puxa o rabo
ou atrapalha o almoço
do cachorro..............

Resposta: Faz levar uma mordida.

E com quem entra
no mar ou na piscina
sem saber nadar e
nem ter a quem
pedir socorro..............

Resposta: Faz afundar na água e se afogar.

Ilustrações: Ilustra Cartoon/Arquivo da editora

**O livro das emergências: o que toda criança esperta precisa saber sobre segurança,** de Aline Angeli. São Paulo: Ática, 2005.

**2** Leia as frases em voz alta.

| | |
|---|---|
| 1 | Mauro terminou a prova? |
| 2 | Mauro terminou a prova! |

**a)** Qual das frases indica uma pergunta?

..................................................................................................................

**b)** Qual das frases indica uma surpresa?

..................................................................................................................

**3** Use as palavras do quadro para dizer o que o ponto de exclamação está indicando em cada frase.

| | | | |
|---|---|---|---|
| **medo** | **dor** | **alegria** | **admiração** |

**a)** Ai! Espetei meu dedo!

..........................................................

**b)** Oba! Passei de ano!

..........................................................

**c)** Nossa! Como você está bonita!

..........................................................

**d)** Ai, que susto!

..........................................................

Ilustrações: Ilustra Cartoon/Arquivo da editora

O ponto de exclamação pode indicar diferentes emoções.

**4** Use os sinais de pontuação abaixo para completar as falas das personagens.

- **,** vírgula
- **?** ponto de interrogação
- **.** ponto final
- **!** ponto de exclamação

Ilustrações: Ilustra Cartoon/Arquivo da editora

# Ortografia — s com som de z

**1** Leia o poema com os colegas e observe o nome dos animais.

**Z**ebra, faisão,
raposa ou **z**angão
jamais serão
animais de estimação.

Os autores.

- Agora, complete.

**a)** Em **zebra** e **zangão**, o som **zê** é representado pela letra ..............

sichkarenko.com/Shutterstock

**z**ebra

Michael Chatt/Shutterstock

**z**angão

**b)** Em **raposa** e **faisão**, o som **zê** é representado pela letra ..............

Giedriius/Shutterstock

rapo**s**a

Karel Bartik/Shutterstock

fai**s**ão

O som **zê** pode ser representado pela letra **z** ou pela letra **s** entre vogais.

**2** Leia as palavras do quadro.

| | | | | | |
|---|---|---|---|---|---|
| salada | azul | sono | televisão | silêncio | casebre |
| tesoura | subida | sinal | azeitona | florzinha | batizado |
| besouro | mesa | Zélia | semana | beleza | princesa |

**a)** Escreva o nome de cada figura.

Ilustrações: Ilustra Cartoon/Arquivo da editora

.................................... .................................... ....................................

.................................... .................................... ....................................

**b)** Copie do quadro as palavras com **z**.

....................................................................................................

....................................................................................................

**c)** Copie as palavras do quadro de acordo com o som do **s**:

- **s** com som **zê**: ....................................................................

....................................................................................................

- **s** com som **sê**: ....................................................................

....................................................................................................

A letra **s** nunca tem som **zê** no início das palavras.

## 3 Complete as palavras com as vogais que faltam.

Ilustrações: Ilustra Cartoon/Arquivo da editora

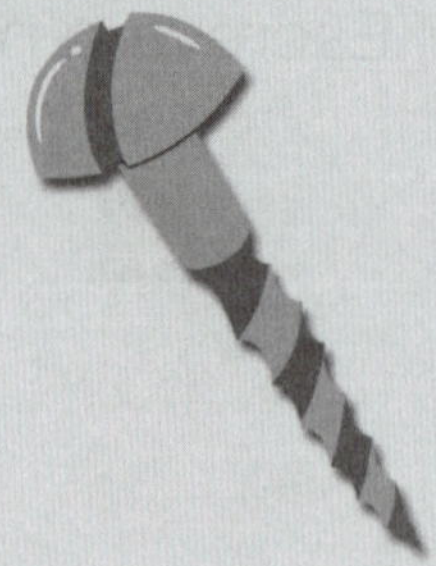

cam.........s.........ta      pa.........s.........gem      paraf.........s.........

- Nessas palavras, a letra ......... tem som **zê** porque está entre

...................................................................................................

## 4 Escreva palavras da mesma família. Veja o exemplo.

bom → bondoso      mistério → ..................................................

estudo → ..................................................      carinho → ..................................................

medo → ..................................................      manha → ..................................................

teima → ..................................................      cuidado → ..................................................

As palavras terminadas em **-oso** ou **-osa** são escritas com **s**, com som **zê**.

**5** Descubra a palavra que completa cada item e escreva no quadro as palavras encontradas.

**1.** Quem tem fama é....
**2.** O arbusto que dá rosas é a...
**3.** A mulher nascida na França é...
**4.** O contrário de adiantado é...

| | | | | | | | | |
|---|---|---|---|---|---|---|---|---|
| 1 | | | | | | | | |
| 2 | | | | | | | | |
| 3 | | | | | | | | |
| 4 | | | | | | | | |

- Assinale a resposta certa.

☐ Nessas palavras, o **s** tem som **sê**.

☐ Nessas palavras, o **s** tem som **zê**.

**6** Contorne no diagrama quatro palavras com **s** que apresentam som **zê**.

| | | | | | | | | | | | | | | |
|---|---|---|---|---|---|---|---|---|---|---|---|---|---|---|
| I | L | I | S | O | T | I | R | O | U | R | G | I | T | B |
| L | C | H | I | C | A | M | I | S | O | L | A | K | U | D |
| X | D | I | N | A | M | G | A | S | O | L | I | N | A | W |
| O | U | T | C | A | S | A | R | Ã | O | S | V | B | E | R |

- Agora, complete os itens com as palavras que você encontrou.

**a)** Nome de um combustível: ..................................................

**b)** O contrário de áspero: ..................................................

**c)** Peça do vestuário usada para dormir: ..................................................

**d)** Casa muito grande: ..................................................

## Travessão e dois-pontos

Leia esta anedota e observe os sinais de pontuação destacados.

O professor fala:

— Joãozinho, diga o presente do indicativo do verbo caminhar.

Joãozinho:

— Eu ca... mi... nho... Tu ca... mi... nhas... Ele ca... mi... nha...

Professor:

— Mais depressa!

Joãozinho:

— Nós corremos, vós correis, eles correm!

**O melhor do Proibido para Maiores: seleção especial de piadas para crianças,** de Paulo Tadeu. São Paulo: Matrix, 2014.

O sinal **:** é chamado de **dois-pontos**. Em diálogos, esse sinal indica que alguém vai falar.

O sinal **—** é chamado de **travessão**. Em diálogos, esse sinal indica o início da fala de alguém.

- Coloque os dois-pontos **:** e o travessão **—** no texto abaixo.

  O lobo parou na frente da cabana do porquinho e gritou.........

  .............. Abra já essa porta!

# Atividades

**1** Leia esta piada com os colegas.

**Menino travesso**

Ilustra Cartoon/Arquivo da editora

A mãe pergunta para o filho bagunceiro:

— Como você consegue fazer tantas travessuras em um só dia?

Ele responde:

— É que eu acordo cedo, mamãe!

**Meu primeiro livro de piadas**, de Ângela Finzetto. Blumenau: Todolivro, 2012.

**a)** No texto acima, contorne o sinal que indica que alguém vai falar.

**b)** Pinte o sinal que indica o início da fala de alguém.

**c)** Faça um **X** no sinal que indica uma pergunta.

**d)** Sublinhe o sinal que indica admiração.

**2** Escolha os sinais de pontuação adequados para completar o texto abaixo.

**. (ponto final)** **? (ponto de interrogação)** **! (ponto de exclamação)** **: (dois-pontos)** **— (travessão)**

Sofia saiu com sua mãe para ir à escola..................

A menina olhou para o céu e disse..................

.................. Que lindo arco-íris no céu, mamãe..................

A mãe de Sofia perguntou..................

.................. Você sabe quantas são as cores do arco-íris..................

.................. São sete, mamãe..................

## Ortografia — r entre vogais (r brando)

**1** Leia o poema em voz alta com os colegas.

**C de casa**

Uma casa são paredes,
telhado, portas, janelas,
fumaça de fogo aceso,
cheirinho bom nas panelas.

Qualquer que seja sua forma,
uma casa é um coração
que a gente amarra no vento,
e em qualquer lugar do mundo
escuta, chamando dentro.

**Pare no P da poesia**, de Elza Beatriz.
São Paulo: FTD, 2013.

Ilustra Cartoon/Arquivo da editora

**a)** Agora, leia as palavras em voz alta.

| | | | |
|---|---|---|---|
| **paredes** | **cheirinho** | **coração** | **amarra** |

**b)** Em quais delas o som do **r** é fraco?

..........................................................................

A letra **r** entre vogais tem som fraco.

**2** Acrescente a letra **r**, mudando o som e o sentido das seguintes palavras.

Ilustra Cartoon/Arquivo da editora

careta ..............................

aranha ..............................

muro ..............................

**3** Copie a frase escrevendo o nome da figura.

Rodrigo comprou um  tão caro!

..............................................................................

..............................................................................

**4** Leia as palavras do quadro, observando a letra **r**. Depois, escreva-as na coluna correta.

| | | | | | |
|---|---|---|---|---|---|
| **buraco** | **borracha** | **riacho** | **perigo** | **rua** | **arroz** |
| **pirulito** | **corrida** | **régua** | **farofa** | **ferro** | **rosa** |

| **rr (som forte)** | **r entre vogais (som fraco)** | **r no início (som forte)** |
|---|---|---|
| | | |
| | | |
| | | |
| | | |

# 11 FRASE

No ano de 2018 foi realizada uma campanha na Avenida Paulista, em São Paulo, onde foram espalhadas lixeiras com diferentes mensagens com o objetivo de reduzir a quantidade de lixo jogada no chão.

Veja abaixo as mensagens dessa campanha.

Secretaria Especial de Comunicação/Prefeitura de São Paulo, SP.

Você leu acima algumas **frases**.

> **Frase** é uma palavra ou conjunto de palavras organizadas que têm sentido completo.

No começo das frases, usamos letra maiúscula.

No final, usamos um sinal de pontuação, como o ponto final **.**, a interrogação **?** ou a exclamação **!**.

## Atividades

**1** Pinte os quadrinhos de acordo com as cores indicadas pelo código.

Ilustra Cartoon/Arquivo da editora

- letra
- palavra
- frase

☐ A cabra dormia debaixo de uma figueira.

☐ figueira

☐ A

Com **letras** formamos **palavras**; com **palavras** formamos **frases**.

**2** Marque um **X** nos grupos de palavras que formam frases.

☐ Lobo umas casebre floresta.

☐ Tenho três cachorras e um gatinho.

☐ Bom dia!

☐ Cama travesseiro a dormir com.

☐ Quer brincar comigo?

☐ Estou no segundo ano do Ensino Fundamental.

☐ Cozinha vou de casa.

**3** Leia estas frases.

| | | | |
|---|---|---|---|
| **Pênalti!** | **Muito obrigado.** | **Alô!** | **Cuidado!** |

- Agora, observe estas ilustrações e copie no balão a frase adequada a cada situação.

Ilustrações: Ilustra Cartoon/Arquivo da editora

**4** Coloque as palavras em ordem para formar frases.

**a)** Branca Anões de Neve com os Sete viveu.

..................................................................................................................

..................................................................................................................

**b)** Eu Três o Lobo li Mau e dos Porquinhos a história.

..................................................................................................................

..................................................................................................................

**5** Escreva nos quadrinhos a primeira letra do nome de cada animal e descubra a palavra que completa a frase abaixo.

Ilustrações: Ilustra Cartoon/Arquivo da editora

| | | | | | |
|---|---|---|---|---|---|
| | | | | | |

- Descobriu? Agora, complete:

Você já leu a fábula da ............................................................ e as uvas?

**6** Ordene os quadrinhos para formar frases. Você vai descobrir algumas curiosidades sobre o beija-flor.

rck_953/Shutterstock

**a)**

| | | | | | |
|---|---|---|---|---|---|
| 10 gramas. | cerca | pesa | beija-flor | O | de |

..........................................................................................

..........................................................................................

..........................................................................................

**b)**

| | | | | | | | |
|---|---|---|---|---|---|---|---|
| bate | as | Ele | cerca de | asas | por | 90 vezes | segundo. |

..........................................................................................

..........................................................................................

..........................................................................................

**c)**

| | | | | | |
|---|---|---|---|---|---|
| pássaro | voa | de frente, | de costas e | Esse | de cabeça para baixo. |

..........................................................................................

..........................................................................................

..........................................................................................

## Ortografia nh

**1** Leia este quadrinho e contorne as palavras com **nh**.

**A filosofia de Snoopy**, de Charles M. Schulz.
Tradução de Edu Fernandes. São Paulo: V&R, 2015.

- Agora, copie as palavras que você contornou.

..........................................................................................

**2** Troque o **n** por **nh** e forme outras palavras.

botina → ..............................

sono → ..............................

pino → ..............................

sena → ..............................

mana → ..............................

gana → ..............................

A letra **h** depois do **n** modifica o som e o significado das palavras.

**3** Complete as frases com as palavras do caminhão.

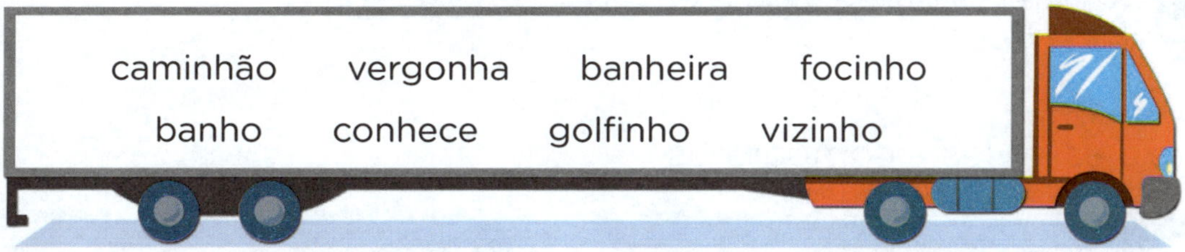

Ilustra Cartoon/Arquivo da editora

**a)** O .................................... trouxe a mudança do novo

.....................................................

**b)** Tomei .................................... na .................................................

**c)** O .................................... tem nadadeiras e o ....................................
comprido.

**d)** Júlio tem .................................... de conversar com quem não

.....................................................

**4** Observe as figuras e escreva o nome de cada uma. Depois, separe as sílabas. Veja o exemplo.

........ *piranha* ........

| | | |
|---|---|---|
| *pi* | *ra* | *nha* |

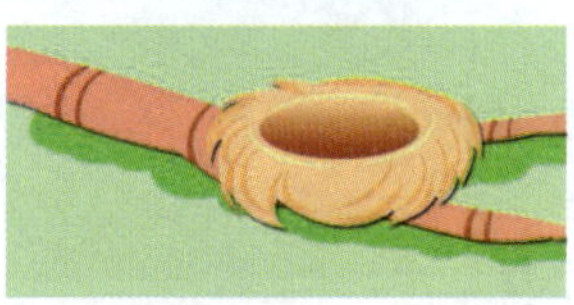

.....................................................

| | |
|---|---|
| | |

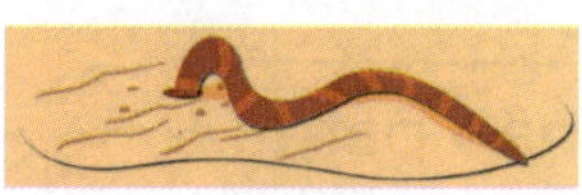

.....................................................

| | | |
|---|---|---|
| | | |

.....................................................

| | | |
|---|---|---|
| | | |

Ilustrações: Ilustra Cartoon/Arquivo da editora

Na divisão de sílabas, o grupo **nh** não se separa.

# 12 FRASE AFIRMATIVA E FRASE NEGATIVA

Leia as frases e compare-as.

O trem parou na estação.

O trem não parou na estação.

Ilustrações: Ilustra Cartoon/Arquivo da editora

As frases acima dão informações diferentes.

- O que torna essas frases diferentes? Converse com os colegas e, depois, registre a conclusão de vocês.

.................................................................................................

.................................................................................................

A frase pode ser afirmativa ou negativa. Veja:

| **afirmativa** | **negativa** |
| --- | --- |
| ↓ | ↓ |
| O trem parou. | O trem **não** parou. |
| ↓ | ↓ |
| Afirmamos alguma coisa. | Negamos alguma coisa. |

Para formar frases negativas, geralmente usamos a palavra **não**.

# Atividades

**1** Leia o texto e sublinhe as frases negativas.

— Quando foi a Pré-História? — quis saber João.

— Foi há muito, muito, muito tempo — respondeu a vovó.

— Quando o vovô ainda era pequeno? — perguntou João.

— Não, mais tempo ainda. Mais de cem vovôs atrás. As pessoas viviam em cavernas e grutas — disse o vovô.

"Eles não tinham praticamente nada! Não tinham televisão, doces, futebol ou brinquedos. Isso não parece divertido", pensou João.

Ilustra Cartoon/Arquivo da editora

**Grandes invenções**, de Jozua Douglas. São Paulo: Brinque-Book Saber, 2015.

**2** Pinte os quadrinhos de acordo com as cores indicadas pelo código.

frase afirmativa (amarelo) — frase negativa (azul)

☐ Algumas aves, como os avestruzes, não voam.

☐ O ornitorrinco é o único mamífero que põe ovos.

☐ As baleias são mamíferos aquáticos.

☐ Os tubarões não são mamíferos.

**3** Reescreva as frases transformando-as em frases negativas.

**a)** Juliana vai jogar peteca agora.

**b)** Pedro viajou nas férias.

**c)** Mamãe tem medo de barata.

- Agora, complete.

Acrescentando a palavra ______, transformamos as frases afirmativas em frases ______.

**4** Ordene as palavras e escreva frases negativas.

**a)** solte Não pipa elétricos dos fios perto.

**b)** cachorro e O são o gato não inimigos.

- No final das frases negativas foi usado o ______.

**5** Observe as cenas e escreva uma frase afirmativa para cada uma.

..............................................................................
..............................................................................
..............................................................................
..............................................................................
..............................................................................

..............................................................................
..............................................................................
..............................................................................
..............................................................................
..............................................................................

Ilustrações: Ilustra Cartoon/Arquivo da editora

- No final das frases afirmativas foi usado o

..............................................................................

**6** Copie as frases negativas ao lado das placas correspondentes.

**Não fume.** **Não pise na grama.**

..............................................................................
..............................................................................
..............................................................................

..............................................................................
..............................................................................
..............................................................................

## Ortografia — x com som de ch; x com som de s

**1** Leia as palavras dos quadros em voz alta.

| Quadro 1 | |
|---|---|
| pei**x**e | **x**ale |
| bai**x**o | **x**ícara |

| Quadro 2 | |
|---|---|
| te**x**to | e**x**tenso |
| e**x**tinção | e**x**plicar |

- Agora, complete.

  No quadro ................, a letra **x** tem som de **ch**.

  No quadro ................, a letra **x** tem som de **s**.

**2** Diga o nome de cada figura em voz alta.

caixa

ameixa

extintor

extraterrestre

rouxinol

exclamação

Ilustrações: Ilustra Cartoon/Arquivo da editora

- Agora, copie os nomes das figuras nas colunas adequadas.

| x com som de ch | x com som de s |
|---|---|
| | |
| | |
| | |

**3** Leia as palavras das caixas. Depois, pinte os quadrinhos de acordo com as cores indicadas pelo código.

x com som de **s**

x com som de **ch**

Ilustra Cartoon/Arquivo da editora

**4** Complete as frases com as palavras do quadro.

| | |
|---|---|
| **explosão** | **caixote** |
| **enxada** | **texto** |

Ilustra Cartoon/Arquivo da editora

**a)** O feirante guardou os legumes dentro do ..................................................................................

**b)** A ........................................................................ da bomba atômica causou muita destruição.

**c)** Eduardo escreveu um ........................................................................ maravilhoso!

**d)** A ........................................................................ fez bolhas na mão do lavrador.

**5** O que é, o que é?

> **Dica:** se tiver dúvida, consulte as atividades anteriores.

**a)** Instrumento usado para capinar a terra.

..........................................................................................

**b)** Equipamento usado para apagar incêndios.

..........................................................................................

**c)** Fruta também chamada de tangerina.

..........................................................................................

**d)** Molusco de concha escura de formato oval, geralmente comestível.

Ilustra Cartoon/Arquivo da editora

..........................................................................................

**6** Contorne no diagrama as palavras com **x**.

| | | | | | | | | | | | | | | |
|---|---|---|---|---|---|---|---|---|---|---|---|---|---|---|
| M | C | E | X | P | L | I | C | A | Ç | Ã | O | D | F | S |
| E | N | X | U | G | A | R | O | E | B | E | X | I | G | A |
| W | X | Q | E | X | P | E | R | I | M | E | N | T | A | R |
| X | A | R | O | P | E | U | O | E | N | A | L | I | X | O |
| X | P | B | A | E | X | P | U | L | S | Ã | O | M | J | L |
| E | X | P | L | O | D | I | R | A | D | L | S | R | U | Y |

- Agora, escreva as palavras que você contornou na coluna adequada, de acordo com o som do **x**.

| Som de ch | Som de s |
|---|---|
| | |
| | |
| | |
| | |

**7** Complete as frases a seguir com as palavras do quadro.

| | | |
|---|---|---|
| **xale** | **rouxinol** | **xereta** |
| **extensão** | **explicação** | **extra** |

**a)** Quando Raul não entende o que o professor acabou de dizer, ele pede uma nova

..........................................................................................................................................................................

**b)** Vovó saiu com pressa e esqueceu o

.................................................................................................................................... sobre a mesa.

**c)** Quando alguém se intromete em assunto dos outros, dizemos que essa pessoa é

.......................................................................................................................................

**d)** Estava olhando pela janela do meu quarto e vi

um ......................................................................................................... no galho entre as flores amarelas do ipê.

**e)** A fase adulta é uma ......................................................................................................... da infância.

**f)** Meu primo ajuda meu tio a cortar a grama e ganha

um dinheiro ......................................................................................................... por isso.

**8** As palavras que você usou na atividade 7 têm som de **ch** em:

☐ b, c, d. ☐ a, d, f. ☐ a, e, f.

- Logo, as palavras que têm som de **s** foram usadas em:

☐ b, c, d. ☐ a, d, f. ☐ a, e, f.

Ilustra Cartoon/Arquivo da editora

# EXPLORANDO O TEMA...

## Ciclista no trânsito

Em setembro de 2019 foi realizada a Semana Nacional de Trânsito em nosso país. Com o tema "No trânsito, dê sentido à vida", as mensagens dessa campanha têm o objetivo de conscientizar motoristas, ciclistas e pedestres na prevenção de acidentes, tornando o trânsito mais seguro.

No trânsito, a responsabilidade pela preservação da vida não é apenas do motorista. O ciclista também precisa fazer sua parte.

Veja um dos cartazes dessa campanha.

Ministério da Infraestrutura/Denatran/Governo Federal do Brasil

### Refletindo sobre o tema

**1** Qual é a mensagem transmitida pelas frases afirmativas nesse cartaz da campanha?

**2** Leia abaixo o trecho de uma reportagem sobre algumas responsabilidades do ciclista no trânsito.

A bicicleta é um meio de transporte alternativo, escolhido por muitas pessoas por ser sustentável, saudável e econômico. Por outro lado, necessita de cuidados redobrados para que perigos sejam evitados ao longo do caminho.

Como os demais veículos, a bicicleta também deve possuir alguns equipamentos obrigatórios, que são estabelecidos no artigo 105 do Código de Trânsito Brasileiro (CTB); são eles: campainha, sinalização noturna dianteira, traseira, lateral e nos pedais, e espelho retrovisor do lado esquerdo.

Também é altamente recomendado o uso de capacete, luvas, roupas claras ou chamativas e óculos para proteger os olhos, contra os insetos e possíveis detritos do asfalto.

**Equipamentos obrigatórios garantem a segurança dos ciclistas**. Disponível em: <http://www.detran.ms.gov.br/equipamentos-obrigatorios-garantem-a-seguranca-dos-ciclistas/>. Acesso em: 11 nov. 2019.

**a)** Além de usar os equipamentos de segurança, quais outros cuidados o ciclista deve ter durante o percurso?

**b)** De acordo com sua resposta e com o que você leu acima, escreva uma frase que conscientize o ciclista dos cuidados que ele deve ter para evitar acidentes no trânsito.

## Ampliando e mobilizando ideias

**3** Acesse o *site* do Departamento de Trânsito do Paraná, indicado a seguir, e baixe no computador o **Jogo das palavras**. Você vai escolher letras para completar palavras ou frases relacionadas ao trânsito.

Departamento de Trânsito do Paraná/ CELEPAR/Governo do Estado do Paraná

**Jogo das palavras**, disponível em: <http://www.educacaotransito.pr.gov.br/pagina-313.html>. Acesso em: 7 nov. 2019.

# PENSAR, REVISAR, REFORÇAR

**1** Complete a cruzadinha de acordo com as informações.

**Dica:** todas as palavras começam com **h**.

1. Animal grande, que tem boca grande e presas.
2. O mesmo que ser humano.
3. Aparelho que emite luz forte.
4. Estabelecimento que oferece alojamento.
5. Instrumento musical.
6. Planta também conhecida como menta.
7. Estabelecimento destinado ao tratamento de doentes.

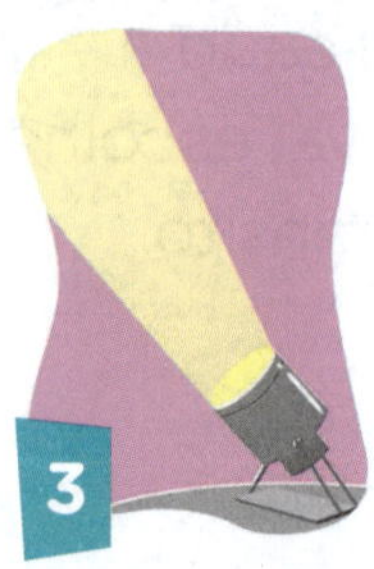

**2** Tiago vai organizar o quarto dele. Observe a cena.

Ilustra Cartoon/Arquivo da editora

**a)** Escreva o nome de um objeto da cena que é escrito com a sílaba **ra** e com **ss**.

.................................................................................................

**b)** Escreva uma frase afirmativa e uma negativa com a palavra que você escreveu acima.

.................................................................................................

.................................................................................................

.................................................................................................

**3** Que objetos da cena têm til no nome? ..........................................

- Escreva uma única frase com essas palavras.

.................................................................................................

UNIDADE 3

# TIPOS DE SUBSTANTIVO

## Entre nesta roda

- Que lugar é esse em que as pessoas estão? Por qual motivo essas pessoas estão nesse lugar?
- Você pratica, já praticou ou tem vontade de praticar algum esporte?
- Qual diferença você observa nas palavras escritas nas placas dos esportes tênis e basquete?

## Nesta Unidade vamos estudar...

- Substantivo
- Substantivo comum e substantivo próprio
- Substantivo masculino e substantivo feminino
- Substantivo singular e substantivo plural
- Substantivo aumentativo e substantivo diminutivo

Bruna Assis Brasil/Arquivo da editora

QUADRAS DE TÊNIS
QUADRA DE BASQUETE
PISTA DE ATLETISMO
2
11
3

# 13 SUBSTANTIVO

Leia com os colegas esta história em quadrinhos.

**Curta o Menino Maluquinho: em histórias rapidinhas**, de Ziraldo. São Paulo: Globo, 2006.

- Destaque nas falas dos personagens os nomes comuns e o nome próprio.

As palavras que indicam os nomes de tudo o que existe são chamadas de **substantivos**.

## Atividades

**1** Observe esta capa de revista.

**Magali**, de Mauricio de Sousa. São Paulo: Panini Comics, n. 37, set. 2013.

**a)** Que animal domesticado aparece na capa?

..........................................................................................

**b)** Se você tivesse que dar um nome para esse animal domesticado, que nome daria?

..........................................................................................

**c)** Escreva o nome das frutas que aparecem nessa capa.

..........................................................................................

**d)** Qual é o nome da personagem principal dessa revista?

..........................................................................................

**2** Escreva substantivos que comecem com as letras indicadas.

| Letra | Nome de fruta | Nome de animal | Nome de objeto |
|---|---|---|---|
| A | | | |
| B | | | |
| C | | | |

**3** Contorne nas frases as palavras que dão nome a seres e objetos.

Gato e cachorro podem viver juntos.

Carro novo também pode quebrar.

Milena é uma menina talentosa.

- Copie a primeira palavra que você contornou em cada frase e explique por que elas foram escritas com inicial maiúscula.

.......................................................................................................

.......................................................................................................

.......................................................................................................

**4** Que nome você daria para cada animal abaixo?

Susan Schmitz/Shutterstock

jiangdi/Shutterstock

mariait/Shutterstock

................................ ................................ ................................

5 Observe a cena.

a) Qual é o nome da rua onde as pessoas estão?

..............................................................................................

b) As crianças estão brincando em que praça?

..............................................................................................

6 Escreva o nome da escola onde você estuda.

..............................................................................................

..............................................................................................

Lembre-se: Nomes de animais, lugares e pessoas iniciam com letra maiúscula.

# NO DIA A DIA

**1** Você já sabe que tudo no mundo tem nome. Toda criança, ao nascer, tem direito a um nome e a um sobrenome.

Acompanhe a leitura da letra desta canção.

**Gente tem sobrenome**

**Toquinho**

Todas as coisas têm nome
Casa, janela e jardim
Coisas não têm sobrenome
Mas a gente sim

Todas as flores têm nome
Rosa, camélia e jasmim
Flores não têm sobrenome
Mas a gente sim

O Chico é Buarque, Caetano é Veloso
O Ari foi Barroso também
E tem os que são Jorge, tem o
Jorge Amado
Tem outro que é o Jorge Ben

Quem tem apelido, Dedé, Zacarias,
Mussum e a Fafá de Belém
Tem sempre um nome e depois
do nome
Tem sobrenome também

Todo brinquedo tem nome
Bola, boneca e patins
Brinquedos não têm sobrenome
Mas a gente sim

Coisas gostosas têm nome
Bolo, mingau e pudim
Doces não têm sobrenome
Mas a gente sim

Renato é Aragão, o que faz confusão
Carlitos é o Charles Chaplin
E tem o Vinícius, que era de Moraes
E o Tom Brasileiro é Jobim

Quem tem apelido, Zico, Maguila,
Xuxa, Pelé e He-Man
Tem sempre um nome e depois do nome
Tem sobrenome também

Ilustra Cartoon/Arquivo da editora

- Das palavras que aparecem na letra da canção, quais são nomes de brinquedos?

..............................................................................................................

**2** Escreva seu nome e seu sobrenome e, no espaço abaixo, faça um autorretrato.

# EXPLORANDO O MINIDICIONÁRIO

No dicionário também é possível saber se a palavra é um substantivo.

Veja a reprodução de um verbete de dicionário e observe a palavra **substantivo**, que aparece após a separação silábica dessa palavra.

**quadrinhos (qua-dri-nhos)** *substantivo* **1**. Série de desenhos ou fotografias, com falas de personagens em balões, compondo uma história; história em quadrinhos: *Bruno adora ler histórias em quadrinhos.*

**Aurelinho: dicionário infantil ilustrado da língua portuguesa**, de Aurélio Buarque de Holanda Ferreira. Curitiba: Positivo, 2008.

**1** Abra o **Minidicionário** na letra **C** e procure o substantivo **campo**.

Ligue cada frase ao significado correspondente.

Vovó mora numa linda casa no campo.

Lugar amplo, com ou sem grama, usado para a prática de esportes.

Os dois times de futebol se enfrentaram no maior campo da cidade.

Região onde existem árvores, rios, pastos, criação de animais etc.

**2** Na letra **Q** do **Minidicionário** há dois substantivos que são sinônimos. Quais são eles?

..................................................................................................................

..................................................................................................................

**3** Abra o **Minidicionário** na letra **F** e procure os substantivos **fauna** e **flora**. Nas frases abaixo, escreva se o elemento em destaque pertence à fauna ou à flora.

**a)** Os **lobos** saíram correndo quando ouviram um barulho próximo de onde viviam.

..............................................................................................

**b)** As **árvores** da floresta balançavam com o vento.

..............................................................................................

**c)** É proibido pescar os **peixes** daquele rio.

..............................................................................................

**d)** É difícil encontrar **orquídeas** na Floresta Amazônica.

..............................................................................................

**e)** Os biólogos pesquisaram os hábitos das **tartarugas marinhas** daquela região.

..............................................................................................

In2dodo/Shutterstock

## Ortografia – ca, co, cu; qua, que, qui

**1** Complete o nome dos animais com a sílaba que falta.

Helen J Davies/Shutterstock

es..........................lo

Poweroflowers/Shutterstock

suri..........................ta

**a)** No nome desses animais, as letras **c** e **qu** representam o mesmo ..........................

**b)** Antes de **a**, **o**, **u** usamos ........................... Exemplo: suri**ca**ta.

**c)** Antes de **e**, **i** usamos ........................... Exemplo: es**qu**ilo.

**2** Leia as palavras do quadro. Depois, escreva-as na coluna correta.

**raquete** **cuca** **requeijão** **socorro**
**macaco** **esquina** **brinquedo** **curioso**

| Palavras com ca, co, cu | Palavras com que, qui |
|---|---|
| | |
| | |
| | |
| | |

**3** Troque os números pelas sílabas, descubra palavras e escreva-as.

| 1 | 2 | 3 | 4 | 5 | 6 | 7 | 8 | 9 | 10 | 11 |
|---|---|---|---|---|---|---|---|---|---|---|
| bi | que | qui | a | bar | bo | nho | le | ca | cu | co |

**a)** 8, 2 → ..............................

**b)** 3, 4, 6 → ..............................

**c)** 9, 6 → ..............................

**d)** 1, 3, 7 → ..............................

**e)** 11, 3, 7 → ..............................

**f)** 5, 3, 7 → ..............................

**g)** 4, 2, 8 → ..............................

**h)** 10, 6 → ..............................

**i)** 9, 3 → ..............................

**j)** 5, 11 → ..............................

**4** Contorne no diagrama quatro nomes de alimentos e quatro nomes de animais com **que** ou **qui**. Depois, escreva-os no quadro.

| | | | | | | | | | | | | | | | | | | | | |
|---|---|---|---|---|---|---|---|---|---|---|---|---|---|---|---|---|---|---|---|---|
| M | R | V | E | T | H | A | T | A | T | I | C | A | Q | U | I | R | Q | U | I | R |
| I | S | U | I | V | B | O | Z | R | T | S | F | R | S | T | U | W | S | T | U | W |
| J | C | Q | U | E | I | J | O | Q | I | R | Q | U | A | T | I | O | A | T | I | O |
| X | M | O | S | Q | U | I | T | O | H | O | T | F | W | A | K | V | W | A | K | V |
| O | J | U | F | B | E | E | L | P | E | R | I | Q | U | I | T | O | U | I | T | O |
| C | P | E | S | Q | U | I | L | O | H | O | G | H | Q | U | X | E | Q | U | X | E |
| T | U | Q | U | I | B | E | R | Z | R | D | S | Q | U | I | A | B | O | A | R | M |

| Alimentos | Animais |
|---|---|
| | |
| | |
| | |
| | |

**5** Leia o poema.

**Enquanto** se **maquiavam**,
essas **quatro fofoqueiras**
**quase** só se **queixavam**
de coisinhas **corriqueiras**.

Ilustra Cartoon/Arquivo da editora

**As letras: quadrinhas dos filopatas**, de Elisabeth Bosetti e Simone Goulfier. São Paulo: Scipione, 1996.

**a)** Copie as palavras destacadas e contorne a vogal que vem depois do **qu**.

..........................................................................................................

..........................................................................................................

**b)** Nas palavras com **qu**, a letra **u** não é pronunciada quando vem antes de .................... e de ...................., como em **fofoqueiras** e **maquiavam**.

**c)** Nas palavras com **qu**, a letra **u** é pronunciada quando vem antes de ...................., como em **enquanto** e **quase**.

**6** O que é, o que é? Descubra e complete as palavras com a sílaba que está faltando.

**Dica:** todas as sílabas têm **c** ou **qu**.

**a)** Buscar informações a respeito de um assunto.

pes....................sar

**b)** Doce feito de coco ralado e calda de açúcar.

....................cada

**c)** Cobre objetos com o objetivo de protegê-los.

....................pa

**7** Forme uma única frase usando as palavras do quadro.

| |
|---|
| **quatro** **brinquedos** **pequenos** |

........................................................................................................

........................................................................................................

**8** Complete a cruzadinha com o nome das figuras.

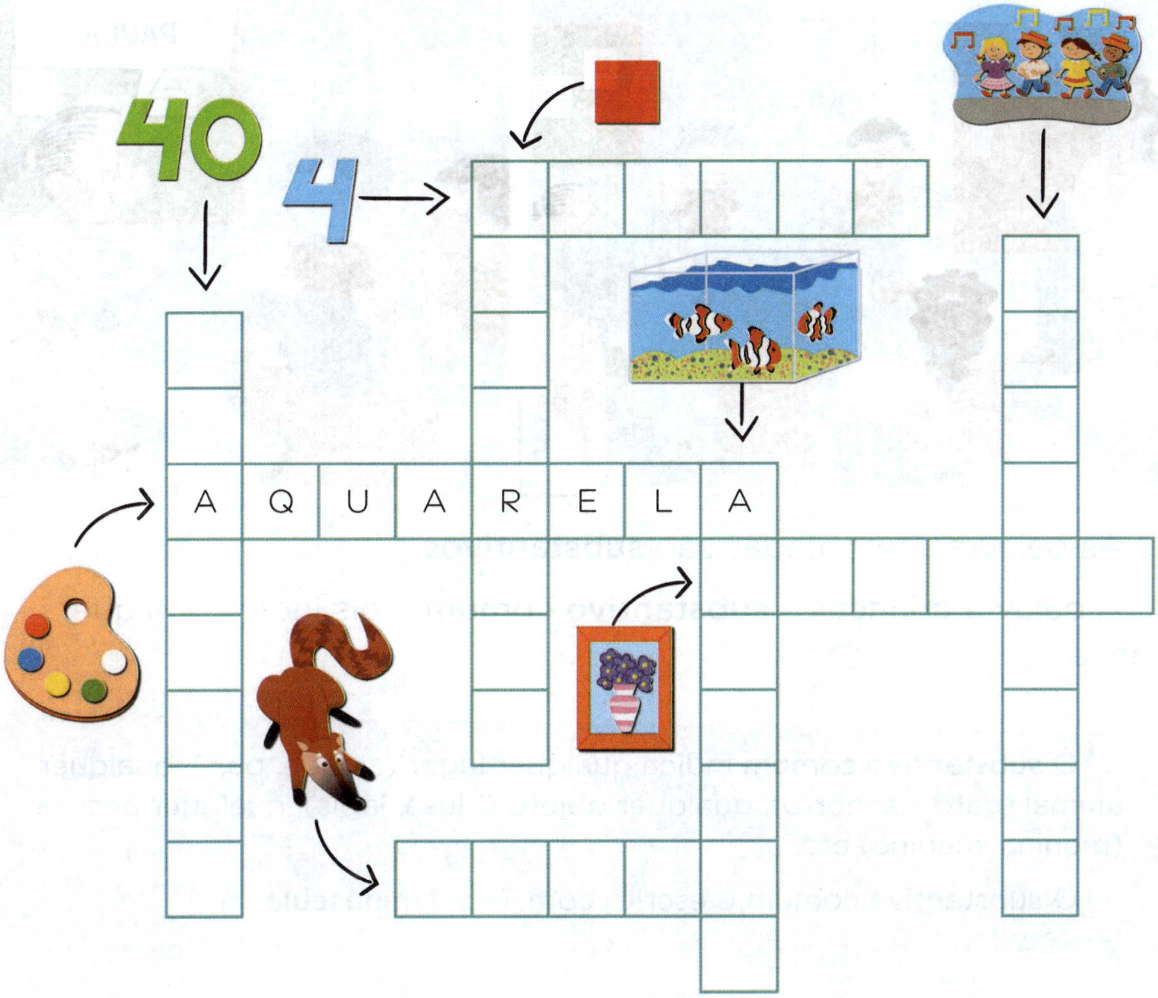


Ilustrações: Ilustra Cartoon/Arquivo da editora

**a)** Nessas palavras, depois de **qu** aparece a vogal:

☐ a. ☐ e. ☐ i.

**b)** Nessas palavras, a letra **u** é pronunciada?

☐ Sim. ☐ Não.

# 14 SUBSTANTIVO COMUM E SUBSTANTIVO PRÓPRIO

Leia as falas e observe as palavras destacadas.

As palavras destacadas são **substantivos**.

A palavra **crianças** é **substantivo comum**, pois indica qualquer criança.

O **substantivo comum** indica qualquer lugar (cidade, país), qualquer animal (gato, cachorro), qualquer objeto (blusa, lápis), qualquer pessoa (menina, menino) etc.

O substantivo comum é escrito com inicial **minúscula**.

A palavra **Paula** é **substantivo próprio**, pois indica uma criança em especial.

O **substantivo próprio** indica uma única pessoa, um único animal, uma única cidade, um único país etc.

O substantivo próprio é escrito com inicial **maiúscula**.

# Atividades

**1** Leia com os colegas os quadrinhos abaixo.

**Saiba mais! Turma da Mônica**, de Mauricio de Sousa. São Paulo: Panini Comics, n. 143, ago. 2019.

- Escreva na coluna adequada os substantivos destacados nos quadrinhos.

| Substantivo próprio | Substantivo comum |
|---|---|
| | |
| | |
| | |

**2** Escolha um substantivo próprio e um substantivo comum do quadro ao lado e forme uma frase com eles.

| | | |
|---|---|---|
| **Cinderela** | **história** | **São Paulo** |
| **personagem** | **Magali** | **cidade** |

**3** Escreva um nome próprio para cada nome comum destacado nas frases. Veja o exemplo.

**a)** Meu novo **amigo** chama-se Francisco.

**b)** A **professora** ........................................ ainda não chegou.

**c)** Meus **vizinhos** ........................................ e ........................................ se casaram.

Substantivos próprios iniciam com letra maiúscula.

**4** Contorne no diagrama quatro substantivos comuns e complete as informações das frases.

| | | | | | | | | | | |
|---|---|---|---|---|---|---|---|---|---|---|
| E | I | G | U | A | N | A | E | N | P | A |
| Q | P | A | V | E | S | T | R | U | Z | A |
| C | A | S | C | A | V | E | L | E | P | U |
| T | A | R | A | N | T | A | I | V | R | N |
| G | I | R | A | F | A | R | S | T | A | W |

Ilustra Cartoon/Arquivo da editora

**a)** O ........................................ é a ave mais alta do mundo.

**b)** A ........................................ é uma serpente venenosa.

**c)** A ........................................ é o animal mais alto do mundo.

**d)** A ........................................ é uma espécie de lagarto que vive no alto das árvores.

Substantivos comuns iniciam com letra minúscula.

**5** Reescreva as frases substituindo o trecho destacado por um substantivo próprio. Veja o exemplo.

**a)** Amanhã é feriado **no meu estado**.

Amanhã é feriado no Rio de Janeiro.

**b)** **A menina** brinca com a bola, e **o menino** roda pião.

**c)** O circo chegou **à nossa cidade**.

**d)** Elaine encontrou **uma gata** no telhado de sua casa.

**e)** **O cão** latiu para **meu amigo**.

**f)** **Este país** é grande.

**g)** Eu e **minha amiga** veremos um filme hoje.

**6** Leia os substantivos comuns e invente um substantivo próprio para cada um deles.

**Lembre-se:** Nomes de pessoas são substantivos próprios.

bailarina

cozinheiro

menina

aluno

Ilustrações: Ilustra Cartoon/Arquivo da editora

## Ortografia ga, go, gu; gua, gue, gui

**1** Leia o bilhete que Guilherme escreveu para o pai dele.

> Papai,
> Combinei com o Gustavo, o garoto que mora ao lado, de levar o gatinho Gugu para tomar vacina. Depois, iremos à aula de guitarra.
> Guilherme

- Copie na coluna adequada as palavras sublinhadas no bilhete.

| Palavras com ga | Palavras com gu | Palavras com gui |
|---|---|---|
| | | |
| | | |

**2** Contorne a palavra que não pertence ao grupo.

**1**

figueira, fogueira
seringueira, mangueira

**2**

caranguejo, linguado
laguinho, preguiça

**a)** Por que a palavra que você contornou não pertence ao grupo 1?

..........

**b)** Por que a palavra que você contornou no grupo 2 não pertence a esse grupo?

..........

**3** Organize as letras e escreva cinco palavras com as sílabas **ga**, **go**, **gu**.

| | | | | | | | | |
|---|---|---|---|---|---|---|---|---|
| g | t | l | h | a | o | u | d | e |

..........................................................................................

..........................................................................................

..........................................................................................

..........................................................................................

**4** Leia o que as crianças estão dizendo.

Ilustrações: Ilustra Cartoon/Arquivo da editora

**a)** Copie as palavras destacadas e contorne a vogal que vem depois de **gu**.

..........................................................................................

**b)** Agora, complete as afirmações.

- Nas palavras com **gu**, a letra **u** não é pronunciada quando vem antes de .................................... e ...................................., como em **Miguel** e **Guilhermina**.
- Nas palavras com **gu**, a letra **u** é pronunciada quando vem antes de ...................................., como em **água**.

**5** Complete os nomes das figuras com **gua**. Depois, copie-os.

á.............................................

.................................................

Ilustrações: Ilustra Cartoon/Arquivo da editora

é.............................................

.................................................

ja............................................tirica

.................................................

............................................raná

.................................................

**6** Use as palavras do quadro para completar as informações.

| | | |
|---|---|---|
| **mangueira** | **sangue** | **águia** |
| **língua** | **igual** | **foguete** |

**a)** O alfabeto da ............................................ portuguesa tem 26 letras.

**b)** A ............................................ é uma ave.

**c)** O ............................................ é um veículo espacial.

**d)** O fruto da ............................................ é a manga.

**e)** O ............................................ corre dentro do nosso corpo.

**f)** O antônimo de ............................................ é diferente.

**7** Calcule as adições e substitua o resultado pela sílaba correspondente para formar palavras. Veja o exemplo.

| 2 | 3 | 4 | 7 | 8 | 9 | 10 | 11 | 12 | 15 |
|---|---|---|---|---|---|---|---|---|---|
| ça | ra | go | ná | gui | gua | pre | ré | guei | fo |

5 + 4 = 9 2 + 1 = 3 6 + 1 = 7 → guaraná

9 + 6 = ........ 4 + 0 = ........ → ........

3 + 7 = ........ 2 + 2 = ........ → ........

10 + 1 = ........ 5 + 4 = ........ → ........

10 + 5 = ........ 8 + 4 = ........ 2 + 1 = ........ → ........

5 + 5 = ........ 6 + 2 = ........ 1 + 1 = ........ → ........

**8** O que você sabe sobre o animal abaixo? Conte aos colegas e depois escreva uma frase sobre ele.

lobo-guará

........................................

........................................

........................................

........................................

# 15 SUBSTANTIVO MASCULINO E SUBSTANTIVO FEMININO

Leia esta informação sobre como são as brincadeiras das crianças russas.

[...]

Assim como qualquer **criança**, os pequenos da Rússia adoram **brincadeiras** ao ar livre. Eles se divertem muito fazendo caminhadas em grupo.

Nas férias de verão, as crianças e suas famílias saem em busca de aventuras e chegam a passar dias na floresta. Na mata, elas aprendem a fazer **barracas**, acender fogueiras, ler **mapas**, usar bússolas e até reconhecer pegadas de **animais**. Tudo com a supervisão dos **pais** e de um guia florestal, é claro!

Crianças russas adoram colecionar coisas: **carrinhos** de brinquedo, personagens de desenhos animados, selos, adesivos... e o que mais a imaginação permitir.

E você conhece aquela brincadeira de pular elástico? Pois ela faz muito sucesso lá na Rússia, principalmente entre as **meninas**. Para brincar, é preciso de, pelo menos, três crianças e um longo elástico amarrado nas pontas, formando um círculo. Duas crianças entram no círculo formado pelo elástico e se afastam para esticá-lo. A outra criança tem que pular para dentro e para fora do elástico em alturas diferentes.

[...]

**Como são as brincadeiras das crianças, a escola e o dia do aniversário na Rússia**? Disponível em: <chc.org.br/artigo/como-sao-as-brincadeiras-das-criancas-a-escola-e-o-dia-do-aniversario-na-russia/>. Acesso em: 19 nov. 2019.

Ilustrações: Ilustra Cartoon/Arquivo da editora

- Escreva no quadro abaixo as palavras destacadas no texto.

| Palavras no masculino | Palavras no feminino |
|---|---|
| | |
| | |
| | |
| | |

Os substantivos podem ser classificados em **masculinos** ou **femininos**.

Se usamos, por exemplo, **o**, **os**, **um**, **uns** antes de um substantivo, ele é **masculino**.

O carrinho

Um carrinho

Os carrinhos

Uns carrinhos

Ilustrações: Ilustra Cartoon/Arquivo da editora

Se usamos, por exemplo, **a**, **as**, **uma**, **umas** antes de um substantivo, ele é **feminino**.

A barraca

Uma barraca

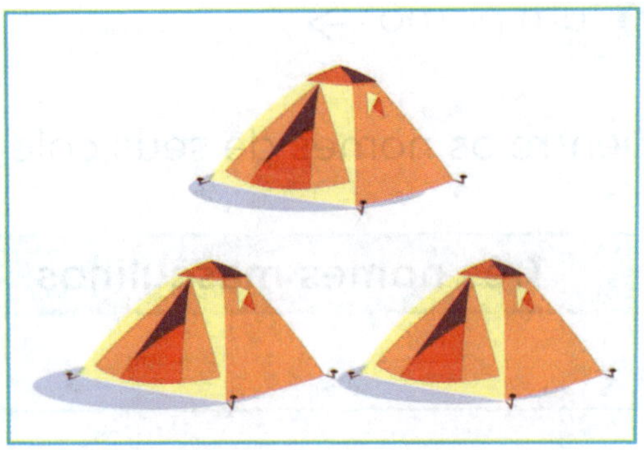

As barracas

Umas barracas

## Atividades

**1** Escreva **o** ou **a** na frente dos substantivos. Depois, escreva **M** nos substantivos masculinos e **F** nos femininos.

Ilustra Cartoon/Arquivo da editora

| | | |
|---|---|---|
| .................. pavão ☐ | .................. galinha ☐ | .................. cabra ☐ |
| .................. macaco ☐ | .................. macaca ☐ | .................. galo ☐ |
| .................. ovelha ☐ | .................. abelha ☐ | .................. pavoa ☐ |
| .................. zangão ☐ | .................. carneiro ☐ | .................. bode ☐ |

**2** Escreva o feminino dos substantivos trocando **o** por **a** no final de cada palavra. Veja o exemplo.

**a)** um aluno → uma aluna

**b)** um vizinho → ..................................................

**c)** um menino → ..................................................

**d)** um noivo → ..................................................

**e)** um gato → ..................................................

**f)** um primo → ..................................................

**3** Dentre os nomes de seus colegas de classe, escreva:

| Três nomes masculinos | Três nomes femininos |
|---|---|
| | |
| | |
| | |

**4** Use as palavras do quadro e reescreva as frases passando os substantivos destacados para o masculino. Faça as adaptações necessárias.

| | | | |
|---|---|---|---|
| **avô** | **diretor** | **netos** | **irmãos** |
| **professor** | **amigos** | **bruxo** | **rei** |

**a)** A **avó** levou as **netas** ao parque.

..................................................................................................

**b)** A **diretora** e a **professora** são **irmãs**.

..................................................................................................

**c)** A **rainha** e a **bruxa** da história ficaram **amigas**.

..................................................................................................

**5** Escreva o nome das figuras, colocando **o** antes dos substantivos masculinos e **a** antes dos substantivos femininos. Veja o exemplo.

o telefone

.......... ..........................

.......... ..........................

.......... ..........................

.......... ..........................

.......... ..........................

.......... ..........................

.......... ..........................

.......... ..........................

Ilustrações: Ilustra Cartoon/Arquivo da editora

## Ortografia as, es, is, os, us

**1** Leia em voz alta as palavras com **as**, **es**, **is**, **os**, **us**.

| | | | | |
|---|---|---|---|---|
| escola | férias | história | susto | biscoito |
| descanso | poste | pastelaria | estudo | ônibus |
| costureira | buscar | fósforo | lista | ginástica |

**a)** Agora, escreva as palavras com:

- as. ..................................................
- es. ..................................................
- is. ..................................................
- os. ..................................................
- us. ..................................................

**b)** Escolha uma dessas palavras para escrever uma frase.

..................................................

**2** Separe as sílabas das palavras e escreva a quantidade de sílabas. Veja o exemplo.

picada → pi - ca - da → .............. sílabas

piscada → .................................... → .............. sílabas

caco → .................................... → .............. sílabas

casco → .................................... → .............. sílabas

pecado → .................................... → .............. sílabas

pescado → .................................... → .............. sílabas

**3** Pinte da mesma cor as figuras iguais.

- Agora, ordene as sílabas e descubra a resposta para cada item.

a | lás | tê | jor | li | nis

lis | to | ta | gos | na

**a)** O oitavo mês do ano: ..............................

**b)** Um tipo de calçado: ..............................

**c)** Uma profissão: ..............................

**d)** Uma cor: ..............................

**4** Observe a cena. Depois, reescreva a frase ordenando as sílabas dos quadrinhos.

Ilustrações: Ilustra Cartoon/Arquivo da editora

Paulinho quer ser [tro] [nau] [as] [ta], viajar pelo [ço] [es] [pa] e conhecer o planeta [nus] [Vê].

..............................

..............................

**5** Complete as frases com o nome das figuras.

**a)** Com que .............................. irei à festa? 

**b)** Onde estão meus ..............................? 

**c)** Vamos comer um .............................. na feira? 

# 16 SUBSTANTIVO SINGULAR E SUBSTANTIVO PLURAL

Leia este cartaz.

Reprodução/Prefeitura Municipal de Imperatriz, Maranhão

Observe:

**brinqueda** 

**brinquedo**

↓

O substantivo **brinquedo** indica **um só brinquedo**.

Ele é um **substantivo singular**.

**brinquedos**

↓

O substantivo **brinquedos** indica **mais de um brinquedo**.

Ele é um **substantivo plural**.

O **substantivo singular** indica um só elemento.

O **substantivo plural** indica dois ou mais elementos.

- Leia novamente o cartaz e escreva um substantivo singular e um substantivo plural que aparece nele.

..............................................................................................

# Atividades

**1** Leia esta fábula com os colegas.

Ilustrações: Ilustra Cartoon/Arquivo da editora

**A raposa e as uvas**

Uma **raposa** faminta entrou num **terreno** onde havia uma **videira** repleta de **cachos** de **uvas** maduras, que pendiam, muito alto, acima de sua **cabeça**. A raposa não podia resistir à tentação de chupar aquelas uvas, mas, por mais que pulasse, não conseguia abocanhá-las. Cansada de pular, olhou mais uma vez os apetitosos cachos e disse:

— Estão verdes...

"É fácil desdenhar daquilo que não se consegue."

**Fábula de Esopo**, de Esopo; adaptação Guilherme Figueiredo. Rio de Janeiro: Nova Fronteira, 2019.

- Agora, escreva na coluna adequada os substantivos destacados.

| Substantivo singular | Substantivo plural |
|---|---|
| | |
| | |
| | |
| | |

**2** Escreva o nome das figuras no singular e no plural.

| Singular | Plural |
|---|---|
| o ....................  | os ....................  |
| a ....................  | as ....................  |
| um ....................  | uns ....................  |
| uma ....................  | umas ....................  |

**3** Leia os substantivos do quadro ao lado. Depois, copie-os na coluna adequada.

| | | |
|---|---|---|
| alunos | jarros | tomate |
| livro | árvores | girafa |

| Substantivo singular | Substantivo plural |
|---|---|
| | |
| | |
| | |

- Complete as frases com as palavras que você copiou.

Ilustra Cartoon/Arquivo da editora

**a)** Como as ........................ cresceram!

**b)** Acabei de ler um ........................ ótimo!

**c)** Adoro salada de ........................ com alface.

**d)** As meninas colocaram as flores nos ........................

**e)** O pescoço da ........................ é comprido.

**f)** Em minha turma há 25 ........................

**4** **Forme o plural destes substantivos acrescentando es. Veja os exemplos.**

- cantor → cantores
- cartaz → cartazes
- flor → ........................
- cruz → ........................
- mulher → ........................
- voz → ........................
- pintor → ........................
- rapaz → ........................

**5** Forme o plural das palavras abaixo. Veja os exemplos.

**a)** Troque **l** por **is**.

- anel → anéis
- canil → ..................
- farol → ..................
- barril → ..................
- animal → ..................
- pincel → ..................

O plural das palavras terminadas em **el** e **ol** tem acento agudo.

**b)** Troque **m** por **ns**.

- jardim → jardins
- garagem → ..................
- bombom → ..................
- pudim → ..................
- nuvem → ..................
- álbum → ..................

**6** Forme o plural das palavras terminadas em **ão**. Veja os exemplos.

**a)** Troque **ão** por **ãos**.

- irmão → irmãos
- cidadão → ..................
- grão → ..................
- mão → ..................

**b)** Troque **ão** por **ões**.

- coração → corações
- tubarão → ..................
- fogão → ..................
- leão → ..................

**c)** Troque **ão** por **ães**.

- alemão → alemães
- pão → ..................
- capitão → ..................
- cão → ..................

**7** Crie no caderno uma frase com o plural do substantivo **ator**.

## Ortografia → az, ez, iz, oz, uz

**1** Leia a estrofe de um poema.

**Um, dois, três**

Um, dois, três,
era uma **vez**,
e a menina vira
e desvira,
na frente do espelho,
uma fada de longos
cabelos, tiara e varinha,
vira e desvira
uma princesa
e uma rainha.
[...]

Ilustra Cartoon/Arquivo da editora

**Brinquedos e brincadeiras**, de Roseana Murray. São Paulo: FTD, 2014.

- Compare as palavras e complete a frase.

**três** **vez**

As letras ........................ e ........................ em final de sílaba apresentam som semelhante.

**2** Leia as palavras do quadro e organize-as nas colunas adequadas.

**xadrez** **chafariz** **lápis** **atrás** **surdez**
**Gustavo** **francês** **luz** **arroz** **Taís**

| Vogal seguida de s | Vogal seguida de z |
|---|---|
| | |
| | |
| | |
| | |
| | |

**3** Complete as palavras com **az**, **ez**, **iz**, **oz**, **uz**.

atr.................... vel.................... cart.................... cap....................

rap.................... nar.................... avestr.................... gravid....................

- Complete a informação com uma das palavras formadas.

O .................... é o órgão do olfato. Pelo .................... podemos sentir cheiros bons, como o perfume das flores, e cheiros ruins, como o de lixo.

**4** Complete cada fala dos balões com uma das palavras do quadro.

| quis | fiz |
|---|---|

Ilustrações: Ilustra Cartoon/Arquivo da editora

**5** Ordene as letras e complete as frases com as palavras formadas.

**a)** o n z

A .................... é o fruto da nogueira.

**b)** z i g

A professora escreve na lousa com .................... colorido.

# 17 SUBSTANTIVO AUMENTATIVO E SUBSTANTIVO DIMINUTIVO

Leia este texto com os colegas.

Os gatos são ágeis e fortes. Os machos têm cerca de 70 centímetros de comprimento, e as fêmeas, por volta de 50 centímetros. A visão desses animais é bastante nítida, e eles enxergam bem à noite. O formato triangular das orelhas permite-lhes identificar com precisão e rapidez a fonte de sons. Quatro fileiras de bigodes em cada lado do focinho os auxiliam no tato e na orientação espacial. Os bigodes do gato funcionam como uma espécie de radar, por isso não devem ser cortados nem aparados.

A cor da pelagem é muito variável – preta, branca, marrom, cinza, amarela ou laranja. Alguns gatos são de uma só cor, enquanto outros são bicolores ou tricolores, muitas vezes também listrados ou tigrados. Para escovar a pelagem, os gatos usam a língua. Ela é extremamente áspera e ajuda a limpar os pelos. [...]

**Gato**. Disponível em: <https://escola.britannica.com.br/artigo/gato/480923>. Acesso em: 22 nov. 2019.

Observe as figuras e leia as palavras.

gato
↓
forma normal

gatinho
↓
diminutivo

gatão
↓
aumentativo

Ilustrações: Ilustra Cartoon/Arquivo da editora

O **diminutivo** e o **aumentativo** são usados, principalmente, para dar ideia de tamanho ou intensidade.

O **diminutivo** dá ideia de tamanho **pequeno**.

O **aumentativo** dá ideia de tamanho **grande**.

## Atividades

**1** Complete as frases escrevendo o diminutivo e o aumentativo dos nomes das figuras.

Ilustrações: Ilustra Cartoon/Arquivo da editora

**a)** O .................................... e o .................................... subiram no sofá!

**b)** O .................................... e o .................................... são recicláveis!

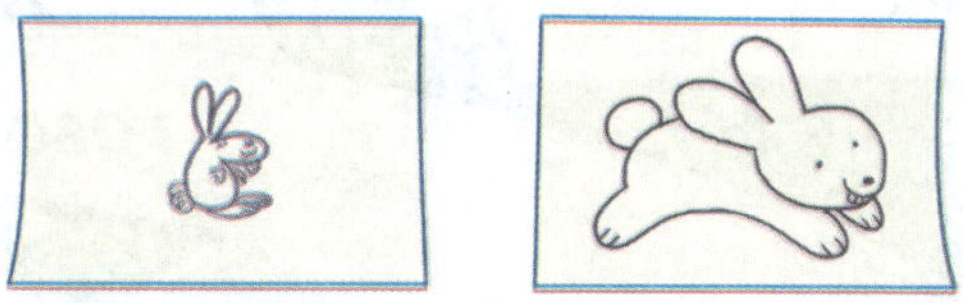

**c)** Rita desenhou um ...................................................., e Rodrigo, um

.....................................................................

**d)** Não sei se compro o .................................................... ou

se compro o .................................................................

**2** Complete o quadro escrevendo a forma normal dos substantivos.

| Forma normal | Aumentativo | Diminutivo |
|---|---|---|
| | gatão | gatinho |
| | ratão | ratinho |
| | carneirão | carneirinho |

**3** Danilo quer levar um livrão para sua irmã. Ajude-o a encontrar o caminho certo orientando-se pelas palavras no aumentativo.

Ilustra Cartoon/Arquivo da editora

**4** Leia o poema e contorne os substantivos diminutivos.

[...]

– Já se vestiu, porquinho, pra festa da priminha Val?

– Só um minutinho! Só falta o toque final.

[...]

**Só um minutinho**, de Ivan Zigg. Rio de Janeiro: Nova Fronteira, 2009.

Ilustra Cartoon/Arquivo da editora

- Agora, escreva esses substantivos na forma normal.

.............................................................................................................

**5** Quais são as palavras intrusas? Descubra-as e contorne-as.

| | | | | |
|---|---|---|---|---|
| **amiguinho** | **cavalinho** | **vizinho** | **copinho** | **pãozinho** |

| | | | | |
|---|---|---|---|---|
| **escovão** | **homenzarrão** | **salão** | **coração** | **janelão** |

**6** Escreva o diminutivo dos substantivos. Veja o exemplo.

**a)** amigo → amiguinho

**b)** manga → ..........................................

**c)** ruga → ..........................................

**d)** umbigo → ..........................................

**e)** frango → ..........................................

**f)** fogo → ..........................................

Ilustra Cartoon/Arquivo da editora

Os substantivos terminados em **ga** e **go** são escritos com **gui** na forma diminutiva.

**7** Reescreva as frases passando o substantivo destacado para o aumentativo. Se precisar, consulte o quadro ao lado.

| | |
|---|---|
| salão | chapelão |
| bocarra | carrão |
| homenzarrão | |

a) Só vou à praia de **chapéu**.

..............................................................................................................

b) Nossa, que **carro**!

..............................................................................................................

c) Brinquei numa **sala** de jogos eletrônicos.

..............................................................................................................

d) Você já viu a **boca** do jacaré?

..............................................................................................................

Ilustra Cartoon/Arquivo da editora

e) O **homem** venceu a prova por causa de sua altura.

..............................................................................................................

..............................................................................................................

**8** Complete com o aumentativo ou o diminutivo dos substantivos destacados. Veja o exemplo.

a) **Nariz pequeno** é o mesmo que ..................narizinho..................

b) **Pé grande** é o mesmo que ..............................................................

c) **Mão pequena** é o mesmo que ..............................................................

d) **Orelha grande** é o mesmo que ..............................................................

e) **Perna pequena** é o mesmo que ..............................................................

f) **Joelho grande** é o mesmo que ..............................................................

**9** Escreva no diminutivo as palavras destacadas. Veja o exemplo.

a) **revista** infantil → revistinha infantil

b) **livro** de bolso → ......................

c) **amigos** sinceros → ......................

d) **cão** esperto → ......................

e) **bicho** esquisito → ......................

f) **bruxa** má → ......................

g) **casa** de boneca → ......................

**10** Leia as falas das crianças.

Ilustrações: Ilustra Cartoon/Arquivo da editora

O diminutivo e o aumentativo também podem indicar sentimento de carinho.

- Marque um **X** nas respostas corretas. Nas frases acima:
  - [ ] o substantivo **amiguinha** indica o tamanho da menina.
  - [ ] o substantivo **amiguinha** expressa sentimento de carinho.
  - [ ] o substantivo **companheirão** indica o tamanho do carinho.
  - [ ] o substantivo **companheirão** expressa sentimento de carinho.

## Ortografia za, ze, zi, zo, zu

**1** Observe a cena e responda às perguntas.

Ilustra Cartoon/Arquivo da editora

**a)** Qual é o nome da menina? ..............................

**b)** Escreva o nome do animal sobre o qual a menina está falando.

..............................

**c)** Qual é o nome do lugar onde há diversas espécies de animais para visitação? ..............................

**2** Todas as palavras que você escreveu na atividade acima se iniciam com a letra **z**.

Complete as palavras abaixo com **za**, **ze**, **zi**, **zo** ou **zu**.

- bu..............................na
- nature..............................
- ..............................lador
- juí..............................
- ami..............................de
- ..............................leica
- a..............................lejo
- ..............................díaco

**3** A letra **z** aparece na escrita de muitos numerais. Escreva-os por extenso.

**a)** 0 ..............................

**b)** 11 ..............................

**c)** 12 ..............................

**d)** 13 ..............................

**e)** 14 ..............................

**f)** 200 ..............................

**g)** 15 ..............................

**h)** 16 ..............................

**i)** 17 ..............................

**j)** 18 ..............................

**k)** 19 ..............................

**l)** 300 ..............................

**4** Ordene as sílabas e forme palavras.

**a)** zu | a | jo | le → ..............................

**b)** tu | za | re | na → ..............................

**c)** nha | co | zi → ..............................

**d)** o | ló | gi | zo | co → ..............................

**5** Complete a cruzadinha com o nome das figuras.

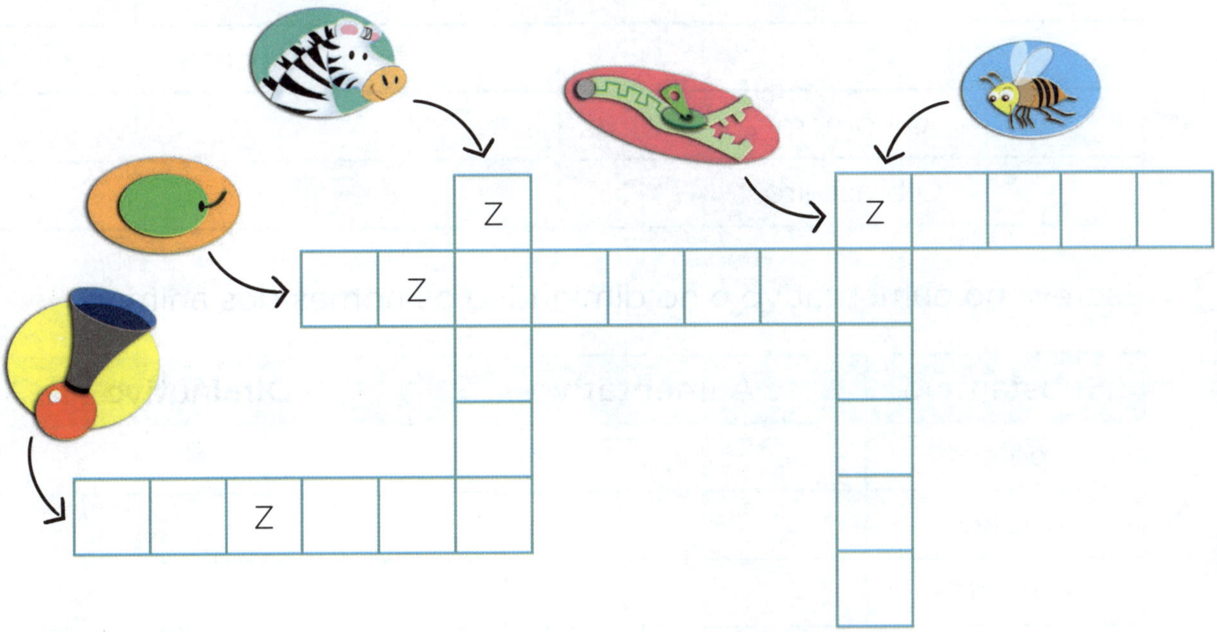


Ilustrações: Ilustra Cartoon/Arquivo da editora

# PENSAR, REVISAR, REFORÇAR

**1** Escreva os seguintes substantivos próprios.

**a)** Seu nome completo.

..............................................................................................................

**b)** O nome de algum colega da escola.

..............................................................................................................

**c)** O nome de sua escola.

..............................................................................................................

- Os nomes que você escreveu são substantivos femininos ou masculinos?

..............................................................................................................

**2** Complete o quadro.

| Substantivo masculino | Substantivo feminino |
|---|---|
| | A pintora |
| O artista | |
| | A francesa |
| O homem | |
| O brasileiro | |

**3** Escreva no aumentativo e no diminutivo os nomes dos animais.

| Substantivo | Aumentativo | Diminutivo |
|---|---|---|
| porco | | |
| macaco | | |
| pato | | |

**4** A natureza-morta é um gênero de pintura que representa coisas ou seres inanimados. Na obra de arte abaixo, vemos um trabalho do artista francês Paul Cézanne, feito entre 1895 e 1900. Observe-a e diga em voz alta tudo o que você vê.

**Maçãs e laranjas**, de Paul Cézanne (1895-1900). Óleo sobre tela.

- Agora, faça um **X** para indicar se o substantivo está no singular ou no plural.

| | Singular | Plural |
|---|---|---|
| maçãs | | |
| toalha | | |
| garrafa | | |
| mesa | | |
| laranjas | | |

UNIDADE 4

# O QUE DIZEM AS PALAVRAS

## Entre nesta roda

- O que mais chamou sua atenção na imagem?
- O que os artistas estão fazendo no palco?
- A qual desses artistas você gostaria de assistir? Por quê?

## Nesta Unidade vamos estudar...

- Substantivo coletivo
- Adjetivo
- Sinônimo
- Antônimo
- Verbo
- Presente, passado, futuro

Bruna Assis Brasil/Arquivo da editora

# 18 SUBSTANTIVO COLETIVO

Veja a capa do livro de história que os alunos do 2º ano criaram.

Ilustra Cartoon/Arquivo da editora

**Turma** é um conjunto de pessoas.

**Turma** é um **substantivo coletivo**.

O **substantivo coletivo** dá nome a um conjunto ou a uma grande quantidade de seres da mesma espécie.

## Atividades

**1** Observe as imagens e contorne os substantivos coletivos nas frases.

**a)** A banda tocou no festival de música.

**c)** O boiadeiro conduziu a boiada pela estrada de terra.

Ilustrações: Ilustra Cartoon/ Arquivo da editora

**b)** O cardume inteiro nadava junto no mar.

**d)** A esquadrilha se apresentou no Dia da Independência.

- Agora, ligue cada palavra a seu substantivo coletivo.

| | |
|---|---|
| peixes | boiada |
| músicos | cardume |
| aviões | esquadrilha |
| bois | banda |

**2** Ordene as palavras e forme frases.

**a)** coletivo de Arquipélago ilhas é o.

..................................................................................................

**b)** de alunos coletivo é o Classe.

..................................................................................................

**3** Complete o quadro. Veja o exemplo.

| Substantivo coletivo | Conjunto de |
|---|---|
| colmeia  | abelhas |
| buquê  | |
| cacho  | |
| bando  | |



**4** Reescreva as frases substituindo as figuras por seus nomes.

**a) Rebanho** é o coletivo de .

..................................................................................................

**b) Álbum** é o coletivo de .

..................................................................................................

**5** Escreva o substantivo coletivo de cada figura. Para isso, consulte o quadro abaixo.

| alfabeto | ninhada | time | biblioteca |
|---|---|---|---|

..............................................

..............................................

..............................................

..............................................

**6** Leia o texto e contorne um substantivo coletivo e o nome a que ele se refere.

Ilustra Cartoon/Arquivo da editora

Você não precisa ter um observatório ou uma espaçonave para se tornar um astrônomo. Se souber o que e quando procurar, há uma série de coisas fascinantes que você pode estudar de muito perto a partir de seu quintal, do parque logo ali na esquina ou de qualquer área aberta. Usando apenas os olhos e seu conhecimento do Universo, você pode localizar coisas incríveis, inclusive os objetos mais interessantes do céu à noite – as constelações.

Quando os observadores da Antiguidade olhavam para as estrelas no céu, à noite, viam algumas formas. Imaginando linhas ligando os pontos luminosos, eles formaram grupos de estrelas, os quais denominaram constelações.

[...]

**Céu noturno – uma introdução para crianças**: a história das estrelas, dos planetas e das constelações e informações sobre como localizá-los no céu, de Michael Driscoll. São Paulo: Panda Books, 2009.

## Saiba mais

Astrônomo é o cientista que estuda e pesquisa o Universo e seus fenômenos, como a evolução das estrelas e o movimento de objetos celestes. Os astrônomos observam os astros por meio de satélites, telescópios e câmeras com alta tecnologia, que registram explosões de estrelas gigantes, como as supernovas, ou o surgimento de buracos negros.

NASA/ESA/Hubble Heritage/STScI/AURA

Fragmentos de uma explosão de supernova na Via Láctea. Imagem obtida pelo Telescópio Espacial Hubble.

# EXPLORANDO O MINIDICIONÁRIO

**1** Procure na letra **B** do **Minidicionário** os substantivos coletivos correspondentes às definições abaixo.

**a)** Grande grupo de pessoas ou animais: .................................................................

**b)** Coleção de livros: ...............................................................

**c)** Conjunto de árvores próximas umas das outras: .............................................................

Ilustrações: Ilustra Cartoon/Arquivo da editora

**2** Faça o mesmo com os verbetes da letra **F**.

**a)** Grupo de animais que vivem em um mesmo ambiente em uma época: ..........................................................

**b)** Coleção de filmes de cinema: ...............................................................................

**c)** Conjunto de plantas de um lugar ou uma região: ..........................................

**3** Procure no **Minidicionário** que substantivo coletivo aparece na letra **G**.

.......................................................................................................................................

- Leia os significados desse verbete e escreva uma frase com ele.

.......................................................................................................................................

.......................................................................................................................................

.......................................................................................................................................

.......................................................................................................................................

.......................................................................................................................................

**4** Algumas palavras têm mais de um significado e no dicionário os significados aparecem numerados.

> banda (banda.) *sf* 1. Lado (um pescador ficou na banda de cá do rio e o outro do lado de lá.); 2. Conjunto de músicos; bandas *sf pl* 3. Rumo, localidade (choveu lá para as bandas do interior.).
>
> **Saraiva Júnior: dicionário da língua portuguesa ilustrado.** São Paulo: Saraiva, 2011. p. 23.

- Quantos significados há para o verbete **banda**? ..........................................

**5** Quantos significados tem o verbete **biblioteca** no **Minidicionário**?

..........................................

**a)** Escreva o significado de **biblioteca** correspondente a cada uma das imagens a seguir.

Ilustrações: Ilustra Cartoon/Arquivo da editora

.......................................... ..........................................

.......................................... ..........................................

.......................................... ..........................................

**b)** Crie frases com cada um dos significados para a palavra **biblioteca**.

..........................................

..........................................

..........................................

..........................................

## Ortografia → al, el, il, ol, ul

**1** Leia o poema e contorne as palavras com **al** e **ul**.

**Desperdício**

De um único salto
a pulga foi parar
do asfalto
no último andar
de um edifício
mais alto que um morro.

Um desperdício esse
*show* de classe:
no alto do edifício
por mais que procurasse
a pulga não achou
nenhum cachorro.

**Lé com cré**, de José Paulo Paes. São Paulo: Ática, 2008.

Ilustra: Cartoon/Arquivo da editora

- Copie, em ordem alfabética, as palavras que você contornou.

.......................................................................................................

.......................................................................................................

**2** O que é, o que é? Escreva as respostas colocando uma letra em cada quadrinho.

**Dica**: as palavras têm apenas uma sílaba.

| | | | | |
|---|---|---|---|---|
| Produto retirado da água do mar. | | | A | |
| Alimento fabricado pelas abelhas. | | E | | |
| O menor número com quatro algarismos. | | | I | |
| Ponto marcado em jogo de futebol. | | O | | |
| Ponto cardeal oposto ao Norte. | | | U | |

**3** Complete o nome das figuras com **al, el, il, ol, ul**.

carac..........

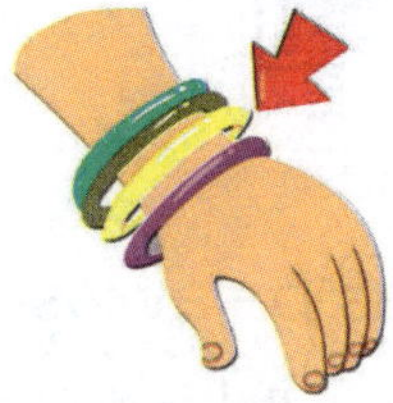

p..........seira

pinc..........

Ilustrações: Ilustra Cartoon/Arquivo da editora

s..........sicha

f..........tro

p..........vo

- Agora, escolha duas das palavras que você completou e forme frases com elas.

..........................................................................................

..........................................................................................

..........................................................................................

..........................................................................................

..........................................................................................

**4** **Compare as palavras e leia-as em voz alta.**

quintal → mingau

pastel → véu

soldado → açougue

- Marque um **X** na opção correta.

  As letras **l** e **u** em final de sílaba têm som:

  ☐ semelhante. ☐ diferente.

# 19 ADJETIVO

Leia a história e observe as palavras destacadas.

Era uma vez uma menina que tinha dois animais de estimação. Um cachorro **preto** e um gato **branco**. O nome do cachorro era Branco e o nome do gato era Preto!

Era muito engraçado quando a menina chamava Branco e aparecia o cachorro **preto** latindo e abanando o rabinho. E quando chamava Preto, o gato **branco** surgia, miando, correndo ao encontro da menina, deixando todos com cara de interrogação.

Os autores.

Veja como são os animais da história.

Ilustrações: Ilustra Cartoon/Arquivo da editora

O cachorro é **preto**.

O gato é **branco**.

A palavra **preto** acompanha o substantivo **cachorro**, indicando uma característica desse animal.

A palavra **branco** acompanha o substantivo **gato**, indicando uma característica dele.

As palavras **preto** e **branco** são **adjetivos**.

As palavras que indicam qualidades ou características dos substantivos são chamadas de **adjetivos**.

# Atividades

**1** Escreva o adjetivo do quadro que pode caracterizar cada substantivo.

| | | |
|---|---|---|
| **engraçado** | **alta** | **vermelha** |
| **gostoso** | **veloz** | **cheia** |

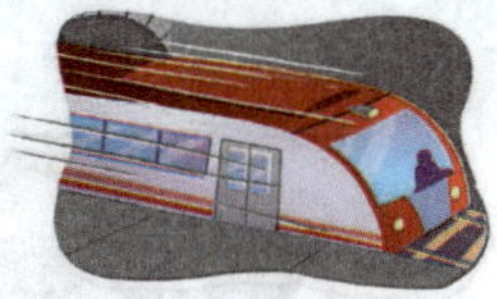

metrô ..............................

melancia ..............................

classe ..............................

palhaço ..............................

sorvete ..............................

girafa ..............................

Ilustrações: Ilustra Cartoon/Arquivo da editora

Cores também são adjetivos.

**2** Que adjetivos da segunda linha caracterizam os substantivos da primeira linha? Faça a relação numerando os adjetivos.

| | | | | | | | |
|---|---|---|---|---|---|---|---|
| 1 | biscoito | 2 | anel | 3 | roupa | 4 | banana |
| | madura | | apertada | | gostoso | | valioso |

**3** Leia esta fábula.

## A raposa e o corvo

Um corvo faminto furtou um belo queijo e, com ele no bico, voou para o alto de uma árvore. A raposa viu o corvo e gritou para cima:

— Bom dia, belo corvo! Que lindas são as suas penas, que belo o seu porte, que elegante a sua cabeça! Sou capaz de jurar que um animal bonito assim deve ter também uma bonita voz! Cante, que eu quero ouvi-lo!

O corvo, envaidecido, abriu o bico para cantar. E o queijo acabou caindo na boca da raposa.

"Os elogios exagerados são sempre suspeitos."

**Fábula de Esopo**, de Esopo; adaptação de Guilherme Figueiredo. Rio de Janeiro: Nova Fronteira, 2019.

Ilustra Cartoon/Arquivo da editora

**a)** Que palavra foi usada para dizer que o corvo estava com fome?

..................................................................................................

**b)** Escreva os adjetivos usados pela raposa para:

- As penas do corvo. ..................................................................
- O porte do corvo. ....................................................................
- A cabeça do corvo. ..................................................................
- A voz do corvo. .......................................................................

**4** Escreva uma frase usando um adjetivo para cada animal. Você também pode utilizar nomes das cores.

..........................................................................................

..........................................................................................

..........................................................................................

..........................................................................................

..........................................................................................

..........................................................................................



**5** Observe esta obra de arte do pintor francês Pierre-Auguste Renoir.

**Crianças à beira-mar em Guernsey**, de Pierre-Auguste Renoir, 1883.

- Agora, marque um **X** nos adjetivos que você daria para essa pintura.

☐ colorida ☐ esquisita ☐ alegre

☐ bonita ☐ triste ☐ antiga

# NO DIA A DIA

**1** É muito comum usarmos adjetivos no dia a dia. Observe as imagens e complete as frases com um adjetivo que você usaria em cada situação.

Ilustrações: Ilustra Cartoon/Arquivo da editora

**2** Desenhe um brinquedo e uma roupa que você tenha e escreva frases usando adjetivos.

# EXPLORANDO O MINIDICIONÁRIO

**1** No dicionário também é possível saber se a palavra é um adjetivo.

Leia estes verbetes e a palavra que aparece ao lado deles.

> **alegre** *adj.2g.* **a-le-gre[é]**. 1. Que tem alegria, contente. *Essas meninas são muito alegres.* ▲ **antônimo**: triste. 2. Que transmite alegria. *A festa estava alegre.* ▲ **antônimo**: triste. ◆ **masc. e fem.**: alegre.

> **alegria** *s. fem.* **a-le-gri-a**. Emoção agradável e profunda de prazer e contentamento. *No carnaval a alegria toma conta dos turistas.* ▲ **sinônimo**: contentamento, satisfação. ▲ **antônimo**: tristeza.

**Dicionário ilustrado de Português**, de Maria Tereza Camargo Biderman. São Paulo: Ática, 1998.

**a)** Qual dessas palavras é um adjetivo? ..................

**b)** Qual delas é um substantivo? ..................

**2** Abra o **Minidicionário** na letra **N** e procure um adjetivo. Depois, escolha um substantivo da mesma letra e forme uma única frase.

..................

..................

..................

**3** Verifique no **Minidicionário** as informações a seguir.

**a)** Na letra **L**, procure o adjetivo cujo sinônimo é **fiel**.

..................

**b)** Na letra **C**, procure o adjetivo cujo antônimo é **vazio**.

..................

**4** Leia o verbete da palavra **excelente** do **Minidicionário**.

**a)** Qual é o significado dessa palavra?

..........................................................................................

..........................................................................................

**b)** Copie a frase que exemplifica o uso da palavra **excelente**.

..........................................................................................

..........................................................................................

**c)** Que outras informações esse verbete traz sobre a palavra **excelente**?

..........................................................................................

**d)** Escreva uma frase com o adjetivo **excelente**. Depois, faça um desenho para ilustrá-la.

..........................................................................................

..........................................................................................

..........................................................................................

## Ortografia ar, er, ir, or, ur

**1** Leia este trecho da história **Os três lobinhos e o porco mau** e contorne as palavras que têm **ar**, **er**, **ir** ou **or**.

> [...]
>
> Um dia, a mãe chamou os três lobinhos à sua volta e disse:
>
> — Meus filhos, é hora de vocês saírem pelo mundo.
>
> Vão construir uma casa para vocês. Mas cuidado com o porco mau. [...]

**Os três lobinhos e o porco mau**, de Eugene Trivizas. Tradução de Gilda de Aquino. São Paulo: Brinque-Book, 2003.

**2** Distribua os nomes do quadro na linha adequada.

| | | | | | | | |
|---|---|---|---|---|---|---|---|
| Marcela | Igor | Irma | Eduardo | Heitor | Nadir | Artur | Norma |

**a)** **ar** e **ur**: ..........................................

**b)** **ar**: ..........................................

**c)** **or**: ..........................................

**d)** **ir**: ..........................................

**3** Complete os nomes dos animais com sílabas que têm **ar**, **er**, **or**, **ur**. Depois, copie-os no caderno.

miroslav chytil/Shutterstock

| | |
|---|---|
| | so |

Chris_M_Rabe/Shutterstock

| | |
|---|---|
| | vo |

Fremme/Shutterstock

| | | | |
|---|---|---|---|
| | ta | ru | ga |

Neel Adsul/Shutterstock

| | | |
|---|---|---|
| | ce | go |

**4** Acrescente **r** após a vogal destacada e forme outras palavras.

**a)** m**a**ca: ..................................................

**b)** p**e**na: ..................................................

**c)** p**e**de: ..................................................

**d)** l**a**go: ..................................................

**e)** b**a**ba: ..................................................

**f)** pint**a**: ..................................................

**g)** c**a**ta: ..................................................

**h)** cant**o**: ..................................................

**5** Contorne no diagrama as palavras que completam as informações abaixo. Depois, escreva-as.

| | | | | | | | | | | | | | | | | | | | | |
|---|---|---|---|---|---|---|---|---|---|---|---|---|---|---|---|---|---|---|---|---|
| D | H | I | D | O | U | I | Z | U | O | D | M | A | H | X | M | K | Q | U | A | R |
| C | E | L | U | L | A | R | U | C | H | P | O | R | J | I | G | E | F | T | U | W |
| A | C | E | Ç | H | E | C | K | Q | U | A | T | S | O | A | E | F | B | R | Y | U |
| R | E | P | U | L | B | R | P | J | A | E | S | T | R | X | M | K | Q | U | A | T |
| T | E | N | F | B | R | Y | U | C | H | I | D | O | N | I | Z | U | S | T | U | W |
| A | C | E | Ç | H | E | C | F | O | R | M | I | G | A | D | I | V | E | R | D | E |
| V | H | M | B | L | R | O | T | F | X | Ç | O | E | L | D | O | B | W | A | K | V |
| I | E | R | I | N | V | E | R | N | O | H | R | C | E | F | B | I | K | U | T | O |
| H | E | C | K | Q | U | A | T | S | J | A | I | H | V | M | A | R | Ç | O | W | S |
| S | G | H | B | N | V | L | R | O | T | F | X | Ç | O | P | U | L | E | F | J | Q |

**a)** O telefone ..................................................., a ................................................... e o ................................................... são meios de comunicação.

**b)** Para respirar, os seres vivos precisam de ....................................................

**c)** A ................................................... é um inseto.

**d)** O ................................................... é a estação mais fria do ano.

**e)** ................................................... é o terceiro mês do ano.

**f)** ................................................... é o nome de uma cor.

**6** Leia o texto abaixo.

Certo dia, o gato cinzento, passeando à toa pela casa, viu bem no meio da sala um novelo de lã vermelha.

— Que sorte que eu tenho! — pensou o gato. — Eu sempre quis ter um casaco vermelho para combinar com o meu pelo cinza.

E, enquanto pensava na sorte que tinha, o gato foi puxando a ponta do fio do novelo de lã.

Mas logo ele se deu conta de que não sabia tricotar e menos ainda fazer casacos de lã.

[...]

Ilustrações: Ilustra Cartoon/Arquivo da editora

**O gato e o novelo de lã**, de Liliana e Michele Iacocca. São Paulo: Ática, 2015.

**a)** Contorne as palavras que têm **ar**, **er**, **or**.

**b)** Localize no texto e escreva:

- a cor da lã. ..........
- o que o gato pensava que tinha. ..........
- o que o gato não sabia fazer. ..........

**7** Compare estes dois novelos de lã.

**a)** Qual é a cor do novelo menor?

..........

**b)** Qual é a cor do novelo maior?

..........

# 20 SINÔNIMO

Leia o poema.

**RECEITA**

**de se olhar no espelho**
para a Júlia

se olhe de frente
de lado
de costas
de cabeça para baixo
pinte o espelho
de azul dourado vermelho
faça caretas ria sorria
feche os olhos abra os olhos
e se veja sempre surpresa
quem é você?

Cartoon/Arquivo da editora

**Receitas de olhar**, de Roseana Murray. São Paulo: FTD, 1997.

As palavras **ria** e **sorria** têm sentidos semelhantes.

Palavras com sentidos semelhantes são chamadas de **sinônimos**.

## Atividades

**1** Ligue as palavras que têm sentidos semelhantes.

| | |
|---|---|
| lento | idoso |
| malvado | longe |
| velho | vagaroso |
| distante | valente |
| corajoso | atarefado |
| começar | iniciar |
| ocupado | mau |

**2** As palavras do quadro abaixo são sinônimas das palavras destacadas a seguir. Copie-as no local correto, relacionando-as.

| correta | saborosa | ligeiro | educada | grande | calma |
|---|---|---|---|---|---|

a) menino **rápido** → ..........

b) criança **amável** → ..........

c) atividade **certa** → ..........

d) pessoa **tranquila** → ..........

e) comida **deliciosa** → ..........

f) animal **enorme** → ..........

**3** Encontre a palavra que não é sinônima da primeira palavra de cada quadro e a contorne.

| | | | |
|---|---|---|---|
| **finalizar** | **começar** | **terminar** | **concluir** |

| | | | |
|---|---|---|---|
| **eliminar** | **excluir** | **incluir** | **tirar** |

| | | | |
|---|---|---|---|
| **vencer** | **ganhar** | **conseguir** | **perder** |

**4** Marque um **X** no sinônimo das palavras destacadas.

**a)** **Suave** é sinônimo de:

☐ esquisito. ☐ macio. ☐ bonito.

**b)** **Muito** é sinônimo de:

☐ bastante. ☐ tudo. ☐ nada.

**c)** **Longe** é sinônimo de:

☐ próximo. ☐ quase. ☐ distante.

**d)** **Doido** é sinônimo de:

☐ mentiroso. ☐ dorminhoco. ☐ louco.

**e)** **Morar** é sinônimo de:

☐ habitar. ☐ mudar. ☐ sair.

**f)** **Menino** é sinônimo de:

☐ adulto. ☐ garoto. ☐ homem.

## Ortografia → lh

**1** Leia este poema e contorne as palavras com **lh**.

**Canção do milho na brasa**

milho é bom de todo jeito
comer milho é ganhar asas
mas não tem milho melhor
que milho assado na brasa

a receita é muito simples
se nunca comeu, anote:
basta uma linda fogueira
manteiga com sal num pote

um pegador bem comprido
milho, é claro — e já deu certo
(só não vá mexer com fogo
sem um adulto por perto)

espalhe um pouco da brasa
de algumas achas no chão
e jogue a espiga por cima
sem nenhuma proteção [...]

**Poemas com macarrão**, de Fabrício Corsaletti. São Paulo: Companhia das Letrinhas, 2018.

Cartoon/Arquivo da editora

- Agora, escreva as palavras com **lh**.

..........................................................................................

**2** Troque o **l** por **lh** e forme outras palavras.

galo → ..........................  tela → ..........................

bola → ..........................  mala → ..........................

rola → ..........................  vela → ..........................

- Agora, escreva o nome das figuras com algumas das palavras que você formou.

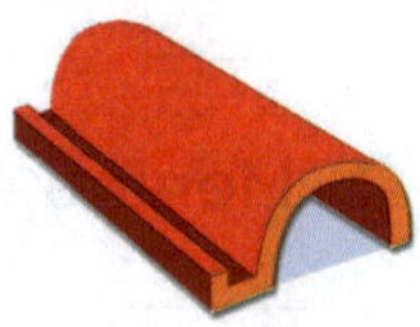

..........................  ..........................  ..........................

Ilustrações: Ilustra Cartoon/Arquivo da editora

**3** Complete as palavras do poema com **lh**.

**Minha cama**

Um hipopótamo na banheira
mo..................a sempre a casa inteira.
A água cai e se espa..................a,
mo..................a o chão e a toa..................a.
E o hipopótamo: nem ligo,
estou lavando o umbigo.
Lava, lava, nunca sossega,
esfrega, esfrega e esfrega
a ore..................a, o peito, o nariz
E as costas das mãos, e diz:
Agora vou dormir na lama
pois é lá a minha cama!

Cartoon/Arquivo da editora

Sérgio Capparelli. Em: **Poesia fora da estante**, de Vera Aguiar (Coord.), Simone Assumpção e Sissa Jacoby. Porto Alegre: Projeto; CPL/PUC-RS, 2000.

**4** Contorne no diagrama palavras com **lh**. Depois, complete as frases com elas.

| | | | | | | | | | | | | | | | | | | | | |
|---|---|---|---|---|---|---|---|---|---|---|---|---|---|---|---|---|---|---|---|---|
| M | A | B | E | L | H | A | T | A | P | I | R | A | L | X | M | K | Q | U | I | R |
| I | T | G | P | A | T | W | Z | R | D | S | W | O | U | I | Z | U | S | T | U | W |
| J | C | H | I | J | U | L | H | O | I | R | O | G | A | A | I | V | G | R | U | L |
| X | D | I | A | G | A | S | A | L | H | O | V | E | B | D | O | B | W | A | K | V |
| O | U | T | W | O | R | S | X | T | A | S | R | C | U | I | Z | U | S | T | U | W |
| C | P | X | P | U | N | J | O | L | H | O | E | O | R | E | T | H | A | J | G | P |
| T | A | L | U | M | K | Q | U | I | R | A | I | V | G | R | B | O | A | K | V | J |

**a)** O ...................................................... é um dos órgãos do corpo humano.

**b)** ...................................................... é o sétimo mês do ano.

**c)** No frio usamos .......................................................................

**d)** A ...................................................... produz mel.

**5** Veja o exemplo e faça o mesmo para completar as frases.

Vela pequena é *velinha*, toalha pequena é *toalhinha*.

**a)** Bola pequena é .........................................., ovelha pequena é

...........................................

**b)** Cola pequena é .........................................., filha pequena é

...........................................

**c)** Bala pequena é .........................................., malha pequena é

...........................................

**6** O que é, o que é? Complete as palavras com as sílabas do quadro.

| | | | | |
|---|---|---|---|---|
| lha | lhe | lhi | lho | lhu |

**a)** Nome de uma parte da planta.

fo..........................

**b)** Nome de um cereal amarelo usado na alimentação.

mi..........................

**c)** O mesmo que medalha pequena.

meda..........................nha

**d)** Aquele que tem orelhas grandes.

ore..........................do

**e)** Mensagem simples e curta.

bi..........................te

Ilustrações: Ilustra Cartoon/Arquivo da editora

**7** Escreva as sílabas que faltam para completar as palavras. Depois, copie as palavras que você formou.

| | | |
|---|---|---|
| ba | ra | |

| | | | |
|---|---|---|---|
| co | e | | nho |

| | |
|---|---|
| co | |

| | | | |
|---|---|---|---|
| ra | ma | | te |

| | |
|---|---|
| i | |

Ilustrações: Ilustra Cartoon/Arquivo da editora

Na divisão de sílabas, o grupo **lh** não se separa.

**8** Junte-se a um colega e combine as sílabas do quadro para formar palavras com **lh**.

| | | | | | | | | | |
|---|---|---|---|---|---|---|---|---|---|
| es | jo | o | ve | pe | lho | mu | co | mi | lha |
| bo | lher | pa | e | lhão | ra | tra | re | be | a |

# 21 ANTÔNIMO

Leia o texto e observe as palavras destacadas.

Ilustra Cartoon/Arquivo da editora

**O outro lado do lado**

**A história!**

Tem um lado que é o **começo**
e o outro lado que é o **fim**.

**O ovo!**

Tem um lado que é o de **fora**
e o outro lado que é o de **dentro**.

**O caminho!**

Tem um lado que é a **ida**
e o outro lado que é a **volta**.

**O quadro!**

Tem um lado que é a **frente**
e o outro lado que é o **verso**.

**O outro lado do lado**, de Bebete Alvim. São Paulo: Scipione, 2007.

**Começo** é o contrário de **fim**.

**Fora** é o contrário de **dentro**.

**Ida** é o contrário de **volta**.

**Frente** é o contrário de **verso**.

Palavras com sentido contrário são chamadas de **antônimos**.

## Atividades

**1** Leia a adivinha e contorne as palavras antônimas.

O que nasce grande e morre pequeno?

O lápis.

**As 200 melhores adivinhas para crianças**, de Paulo Tadeu. São Paulo: Matrix, 2008.

**2** Copie do quadro abaixo o antônimo das palavras destacadas nas frases para completá-las.

| | | | | | |
|---|---|---|---|---|---|
| **amor** | **quente** | **sim** | **difícil** | **leve** | **salgada** |

**a)** O inverno é **frio**, o verão é .......................................................................

**b)** Eu gosto de pipoca **doce**, mas minha amiga prefere a

.......................................................................

**c)** O elefante é **pesado** e o passarinho é .......................................................

**d)** Achei **fácil** a prova de Língua Portuguesa e ....................................................... a de História.

**e)** No mundo **não** deveria haver **ódio**, mas ....................................................... o

.......................................................

**3** Contorne duas palavras do poema abaixo que sejam antônimas.

A paz é o oposto da guerra,
é o sol, são as madrugadas,
e todas as crianças da Terra
de mãos dadas, de mãos dadas,
de mãos dadas.

Ilustra Cartoon/Arquivo da editora

**Todas as crianças da Terra**, de Sidônio Muralha. São Paulo: Global, 2004.

**4** Procure oito diferenças entre as cenas a seguir e marque-as com um **X**.

Ilustra Cartoon/Arquivo da editora

**a)** Descreva as diferenças que você encontrou nas cenas acima.

**b)** Quais são as palavras antônimas de sua resposta no item **a**?

..................................................................................................

..................................................................................................

**5** Contorne no diagrama os antônimos das palavras destacadas abaixo. Depois, escreva-os nos lugares corretos.

| | | | | | | | | | | | | | | | | | | | | |
|---|---|---|---|---|---|---|---|---|---|---|---|---|---|---|---|---|---|---|---|---|
| M | B | C | Z | L | J | G | D | J | A | L | E | G | R | E | M | K | Q | U | I | R |
| E | P | E | Q | U | E | N | I | N | O | R | W | S | D | U | Z | U | S | T | U | W |
| L | K | E | V | Z | R | E | W | Q | P | E | Z | W | B | D | I | V | G | R | U | L |
| X | W | U | K | H | O | T | C | L | T | B | U | R | S | S | O | R | U | I | M | V |
| Z | L | E | N | T | O | T | A | L | E | T | R | A | E | F | Z | U | S | T | U | W |
| E | D | Q | V | B | T | I | N | E | R | V | O | S | A | W | L | H | A | S | G | P |
| V | G | E | R | R | A | D | A | I | C | A | O | R | G | Y | B | O | A | K | V | J |

**a)** menino **rápido** → ..............................

**b)** criança **triste** → ..............................

**c)** atividade **certa** → ..............................

**d)** pessoa **tranquila** → ..............................

**e)** comida **deliciosa** → ..............................

**f)** animal **enorme** → ..............................

**6** Compare as mochilas abaixo e complete as frases com palavras que as diferenciam.

Ilustra Cartoon/Arquivo da editora

**a)** A mochila 1 é .............................. e está ..............................

**b)** A mochila 2 é .............................. e está ..............................

# Ortografia ch

**1** Leia o texto em voz alta. Depois, contorne as palavras com **ch**.

Chuva chove sem parar
e lava este lugar.

A chuva já parou
e o lugar ainda não secou!

Quem vai enxugar o meu lugar?
Eu preciso me sentar!

Os autores.

Ilustra Cartoon/Arquivo da editora

**a)** Em algumas palavras, a letra **x** tem som de **ch**. Copie do texto a palavra escrita com **x** que tem som de **ch**.

..........................................................................................

**b)** Escreva uma frase com essa palavra.

..........................................................................................

..........................................................................................

**2** Acrescente a letra **h** e forme outras palavras. Veja o exemplo.

caco → cacho

cão → ..........................

lance → ..........................

camada → ..........................

capa → ..........................

coque → ..........................

**3** Pinte da mesma cor as figuras iguais. Depois, ordene as sílabas e descubra palavras que completam as frases.

| | | | | | |
|---|---|---|---|---|---|
|  nho |  péu | 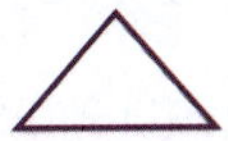 va | 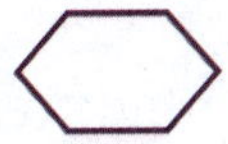 chei | 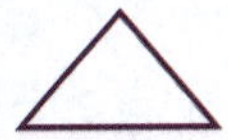 chu |  cha |
| 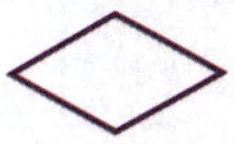 mo |  che |  chi |  fe |  ri |  la |

**a)** Comprei um ........................................ para me proteger da ........................................

**b)** O ........................................ dos funcionários está atrasado.

**c)** Que ........................................ bom de churrasco!

**d)** Minha ........................................ está tão pesada!

**4** Escreva uma frase com cada dupla de palavras abaixo.

**a)** cachoeira – chuva

........................................................................................

**b)** boliche – machucou

........................................................................................

**5** Com um colega, escreva palavras que tenham as sílabas abaixo.

**a)** cha: machado, ........................................

**b)** che: chefia, ........................................

**c)** chi: chinelo, ........................................

**d)** cho: cachorro, ........................................

**e)** chu: chuchu, ........................................

# 22 VERBO

Observe a capa desta revista. O que os personagens estão fazendo?

**Almanaque da Magali**, de Mauricio de Sousa. São Paulo: Panini Comics, n. 18, dez. 2009.

Podemos perceber que algumas crianças estão brincando de vender comida e bebida, que uma criança brinca de bola na areia e que outra toma sorvete.

As palavras **vender**, **brinca** e **toma** indicam ações.

A palavra que indica uma ação é chamada de **verbo**.

# Atividades

**1** Leia esta letra de canção e contorne as palavras que indicam ação.

**É bom cantar**

É bom cantar
É bom ouvir
É bom pensar
É bom sentir
Olhar as coisas ao redor
Pra crescer muito melhor
Viajar dentro de si
Pra poder se descobrir

**A caixa de música de Bia** (CD), de Bia Bedran. Rob Digital, 1995.

Ilustra Cartoon/Arquivo da editora

**2** Escreva os verbos do quadro nos espaços corretos para completar as frases.

| | | | | |
|---|---|---|---|---|
| **esvaziou** | **fugiu** | **toma** | **jogo** | **plantamos** |

**a)** O bebê .................................... leite várias vezes por dia.

**b)** O cachorro .................................... do gato!

**c)** Eu .................................... o lixo reciclável na lixeira adequada.

**d)** Quem .................................... a lata de doces?

**e)** Nós .................................... uma roseira no jardim.

**3** Que ações estão sendo praticadas em cada figura? Veja o exemplo.

| pintar | cantar | varrer | pentear | nadar | dormir |
|---|---|---|---|---|---|

varrer

Ilustra Cartoon/Arquivo da editora

**4** Marque um **X** na frase em que a palavra **jantar** indica uma ação.

☐ O jantar está pronto. ☐ Vamos jantar?

**5** Copie as frases abaixo da ilustração correspondente. Depois, contorne os verbos.

**O menino tropeçou e caiu.**

**Os dois irmãos leram um livro.**

**As meninas pularam amarelinha.**

**O time treina no campo.**

Ilustra Cartoon/Arquivo da editora

........................................................................ ........................................................................

........................................................................ ........................................................................

........................................................................ ........................................................................

........................................................................ ........................................................................

## Ortografia → Consoante seguida de r, l

**1** Leia a adivinha e observe as letras destacadas.

Uma i**gr**ejinha **br**anca
sem porta nem **tr**anca...
Moram duas pessoas den**tr**o
uma amarela,
ou**tr**a **br**anca...

IlustrasCartoon/Arquivo da editora

Adivinha popular.

- Nas palavras destacadas, as consoantes **g**, **b** e **t** são seguidas de ..............

**2** Distribua as palavras do quadro nos espaços correspondentes.

| | | | | | | |
|---|---|---|---|---|---|---|
| trote | gravata | cravo | prova | abraço | dragão | agredir |
| madrugada | cabrito | primeiro | triângulo | criatura | | |

**a)** palavras com **br**.

..........................................................................................

**b)** palavras com **cr**.

..........................................................................................

**c)** palavras com **dr**.

..........................................................................................

**d)** palavras com **gr**.

..........................................................................................

**e)** palavras com **pr**.

..........................................................................................

**f)** palavras com **tr**.

..........................................................................................

**3** Forme outras palavras acrescentando a letra **r** depois da consoante inicial. Veja o exemplo.

a) peso → preso

b) pata → ..............................

c) feio → ..............................

d) toco → ..............................

**4** Leia e observe as palavras destacadas nos balões de fala.

Ilustra Cartoon/Arquivo da editora

- Copie as palavras destacadas de acordo com o grupo de consoantes.

a) palavras com **bl**.

..............................

b) palavras com **cl**.

..............................

c) palavras com **fl**.

..............................

d) palavras com **gl**.

..............................

**5** Reescreva as frases substituindo as figuras por seus nomes.

a) O  é um ser imaginário.

..............................

b) O  é um animal mamífero.

..............................

# 23 PRESENTE, PASSADO, FUTURO

Leia as frases e observe os verbos destacados.

Ilustrações: Ilustra Cartoon/Arquivo da editora

Tadeu **pintou** um quadro ontem.

Joana **pinta** um quadro hoje.

Carlos **pintará** um quadro amanhã.

Observe.

| Verbo | Quando | Tempo do verbo | |
|---|---|---|---|
| pintou | ontem | passado | → A ação já aconteceu. |
| pinta | hoje | presente | → A ação está acontecendo ou acontece sempre. |
| pintará | amanhã | futuro | → A ação vai acontecer. |

Usamos verbo para indicar uma ação. A ação pode ocorrer em três tempos: no **presente**, no **passado** ou no **futuro**.

## Atividades

**1** Leia parte da história **A zabumba do quati**.

No galho daquele ipê-roxo **mora** um velho amigo de Mico Maneco.

É o Quico, um caxinguelê – bicho que muita gente **chama** de serelepe. Um tipo de esquilo desta mata, pequenino e de rabo peludo, meio vermelho.

Quico **corre** e **pula**, **sobe** e **desce** tão ligeirinho que às vezes nem **dá** para ver direito.

Ilustra Cartoon/Arquivo da editora

**A zabumba do quati**, de Ana Maria Machado e Claudius. São Paulo: Salamandra, 2014.

**a)** Em que tempo estão os verbos destacados no texto?

☐ passado ☐ presente ☐ futuro

**b)** Reescreva a seguinte frase passando os verbos para o futuro.

Quico corre e pula.

..............................................................................................

..............................................................................................

**c)** Agora reescreva o seguinte trecho passando os verbos para o passado.

No galho daquele ipê-roxo mora um velho amigo de Mico Maneco.

..............................................................................................

..............................................................................................

**2** Leia este trecho de uma história e contorne os verbos que estão no presente.

Bia não para quieta nunca. Tem 7 anos de alegria, correria e agitação. Quando vai ao bebedouro, sempre espirra a água na camiseta. Depois, acha graça, sai tropeçando no cadarço do tênis.

Maia adora ficar calada. Prefere sombra ao sol. Detesta se sujar. Usa perfume, usa espelho, fivelas pelos cabelos.

[...]

**A dona da bola e a dona da história**, de Heloisa Prieto. São Paulo: Ática, 2009.

Ilustra Cartoon/Arquivo da editora

**3** Complete as frases com os verbos do quadro. Depois, escreva se eles estão no presente, no passado ou no futuro.

| | | | | |
|---|---|---|---|---|
| **andarei** | **enviou** | **chegarão** | **acorda** | **usa** |

**a)** Marcos ........................................ o computador diariamente.

- Tempo de verbo: ........................................

**b)** Amanhã eu ........................................ de bicicleta no parque.

- Tempo de verbo: ........................................

**c)** Rodrigo ........................................ a carta pelo correio ontem.

- Tempo de verbo: ........................................

**d)** Simone ........................................ cedo e já toma banho.

- Tempo de verbo: ........................................

**e)** Meus tios ........................................ de viagem só à noite.

- Tempo de verbo: ........................................

**4** Reescreva as frases no futuro conforme o exemplo.

Ilustra Cartoon/Arquivo da editora

Para indicar o futuro, podemos usar dois verbos. Assim: brincarei → vou brincar.

**a)** Mariana arrumará seu quarto.

Mariana vai arrumar seu quarto.

**b)** Giovana lerá um livro.

..............................................................................................................

**c)** Rafael viajará com a família.

..............................................................................................................

**5** Contorne no diagrama verbos no passado, no presente e no futuro.

| | | | | | | | | | | | | | | | | | | | | |
|---|---|---|---|---|---|---|---|---|---|---|---|---|---|---|---|---|---|---|---|---|
| V | P | L | A | N | T | O | D | M | K | C | O | R | R | E | R | Á | Q | U | I | R |
| N | A | D | A | R | E | I | T | I | W | O | B | L | A | W | T | O | M | I | A | W |
| C | K | L | C | H | R | E | S | P | O | N | D | E | A | M | I | A | G | R | U | L |
| I | P | U | L | E | I | A | Z | E | S | C | O | R | R | E | U | W | W | A | K | V |
| H | E | X | P | L | O | D | I | R | Ã | O | O | S | V | O | O | U | S | T | U | W |

• Agora, distribua-os na coluna adequada.

| Passado | Presente | Futuro |
|---|---|---|
| | | |
| | | |
| | | |

A terminação dos verbos muda de acordo com o tempo em que eles estão.

## Ortografia — x com som de z; x com som de cs

**1** Leia as palavras em voz alta e contorne as sílabas que têm a letra **x**.

> A letra **x** pode representar sons diferentes.

| | | |
|---|---|---|
| exagerado | exigência | pirex |
| axila | complexo | exibição |
| examinar | maxilar | conexão |
| fluxo | exemplar | exaltação |

- Agora, copie as palavras na coluna correspondente ao som do **x**.

| **x com som de z** | **x com som de cs** |
|---|---|
| | |
| | |
| | |
| | |
| | |
| | |

**2** Complete as frases com as palavras do quadro.

**exame** **saxofone** **exercícios** **táxi**

Ilustra Cartoon/Arquivo da editora

**a)** Alex toca .................................................... na banda da escola.

**b)** Carla fez ........................................ de sangue no laboratório.

**c)** O carro enguiçou e precisamos chamar um ........................................ .

**d)** Acertei todos os .................................................... de Matemática.

**3** Leia em voz alta as palavras dos quadros. Depois, pinte os quadros de acordo com as cores indicadas pelo código.

(azul) **x** com som de **cs**

(vermelho) **x** com som de **z**

| |
|---|
| intoxicação<br>reflexo<br>oxidação<br>anexo<br>asfixiado |

| |
|---|
| exemplo<br>exausto<br>executivo<br>exalar<br>exagero |

**4** Contorne as palavras intrusas dos grupos.

**oxigênio** **intoxicar** **exuberante** **flexível**

**exigente** **fixo** **executar** **exatamente**

## Ciência

Os cientistas são pessoas que fazem pesquisas para conhecer algo melhor. Eles observam fatos, coletam dados e informações, fazem experiências, levantam hipóteses e erram.

Leia o texto a seguir, sobre o trabalho dos cientistas.

Sim! Os cientistas fazem muitos testes, e errar faz parte do seu dia a dia. É assim que eles descobrem muitas coisas.

**O erro certo!**

*Na ciência, assim como na vida, errar não significa fracassar – muitas vezes, existe um caminho diferente, que pode ser muito mais interessante!*

[...] Na escola, a gente só estuda as respostas consideradas corretas. Mas, até chegar nelas, são muitas (muitas, mesmo!) respostas erradas. Dá para falar que, se a ciência fosse um *iceberg*, os resultados confirmados seriam a pontinha que fica fora d'água, e aquele monte de gelo submerso seriam os erros. E você acha que o pesquisador desanima quando seu trabalho dá errado? Não, mesmo.

[...] Lá por volta de 1836, o americano Charles Goodyear estava tentando encontrar uma maneira de produzir uma borracha de melhor qualidade. Ele fez várias experiências e misturou um monte de substâncias à borracha, mas não chegou a nenhuma resposta. Um dia, deixou cair um pedaço de borracha misturado com enxofre em uma chapa quente e viu que, além de não derreter, o material ficou elástico e resistente a variações de temperatura. Assim surgiu a borracha vulcanizada, matéria-prima, por exemplo, dos pneus. Por que a gente fica triste quando erra? Se o erro pode até ser uma coisa boa, por que a gente fica tão triste quando faz alguma coisa errada?

Ilustra Cartoon/ Arquivo da editora

[...]

Amanda Jurno e Vanessa Fagundes. **Minas Faz Ciência Infantil**, 1º mar. 2017. Disponível em: <https://minasfazciencia.com.br/infantil/2017/03/01/o-erro-certo/>. Acesso em: 17 fev. 2020.

## Refletindo sobre o tema

**1** Segundo o texto, como devemos ver nossos erros?

Ilustrações: Ilustra Cartoon/Arquivo da editora

**2** Você concorda que errar não significa fracassar? Converse com os colegas e o professor.

**3** Releia este trecho do texto.

> Na escola, a gente só estuda as respostas consideradas corretas. Mas, até chegar nelas, são muitas (muitas, mesmo!) respostas erradas.

**a)** Nesse trecho há dois antônimos. Quais são eles?

..............................................................................................................

**b)** Esses antônimos são:

☐ substantivos ☐ adjetivos ☐ verbos

**4** Contorne, no último parágrafo do texto, as palavras que têm a letra **x**.

- Em qual dessas palavras o **x** representa o som de **z**?

..............................................................................................................

## Ampliando e mobilizando ideias

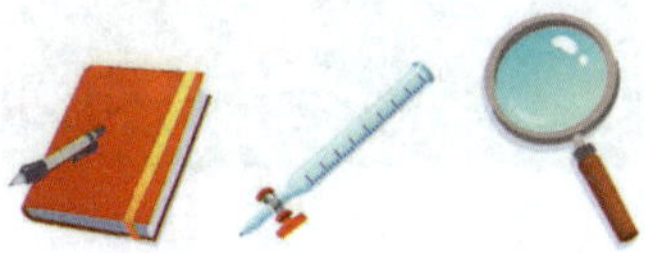

**5** Agora, você vai seguir pistas para descobrir qual é a brincadeira preferida de um colega da turma.

**a)** Faça perguntas que possam ajudar a descobrir a brincadeira.

- O colega só poderá responder SIM ou NÃO para cada pergunta que você fizer. Você pode fazer perguntas como: "É um jogo?"; "Você brinca com mais alguém?", entre outras perguntas.
- Quando descobrir, o colega tentará adivinhar a sua.

**b)** Mesmo quando seu amigo respondeu NÃO às suas perguntas, isso ajudou você a chegar mais perto da resposta?

# PENSAR, REVISAR, REFORÇAR

**1** Observe as falas nos balões. Depois, complete as frases com um sinônimo para cada palavra destacada.

Ilustrações: Ilustra Cartoon/Arquivo da editora

Meu cabelo é .................................................

Que flor .................................................!

As crianças estão .................................................

Aqui nós vendemos .................................................

Moro naquele .................................................

O sapo deu um .................................................!

**2** Observe a figura a seguir.

**a)** Escreva no plural o substantivo com **ch** que nomeia esses animais.

..........................................................................................................................................

**b)** Que ação esses animais estão praticando? ..................................................

**3** Escreva uma frase com cada ação que você escreveu na atividade 2 usando os tempos a seguir.

**a)** Presente.

**b)** Passado.

**c)** Futuro.

**4** Que adjetivo caracteriza o substantivo **corda**, objeto com o qual os cachorros brincam?

..........................................................................................................................................

**5** Contorne as palavras do quadro que tenham a mesma sílaba inicial do adjetivo que você escreveu acima.

| | | |
|---|---|---|
| armadura | lerdo | verdade |
| verdura | árvore | herdeiro |

# SUGESTÕES PARA O ALUNO

UNIDADE 1

## Livros

**Agora eu era**, de Arthur Nestrovski, Companhia das Letrinhas.

Você já brincou de "Agora eu era"? Não? Então você precisa ler este livro! Só assim você vai descobrir como é gostoso brincar de ser um explorador, uma arqueóloga, uma atriz ou o que você quiser!

**Alfabeto de histórias**, de Gilles Eduar, Ática.

Neste livro, para cada letra do alfabeto surge um cenário com situações curiosas e engraçadas. Além disso, há figuras bem grandes e coloridas, que deixam o aprendizado ainda mais divertido.

UNIDADE 2

## Livros

**As trigêmeas, três gotas de água**, de Roser Capdevila, Scipione.

As trigêmeas são transformadas pela Bruxa Onilda em três gotinhas de água e levadas como uma tempestade para Terra Seca. Lá, elas terão de criar um plano para que a distribuição de água seja igualitária e que seu uso aconteça de forma consciente. Será que elas vão conseguir?

**Davi ataca outra vez**, de Ruth Rocha, Salamandra.

Quando foi morar na Rua do Sol, Davi não sabia ler, embora adorasse escrever. Sua mania era rabiscar as paredes. Uma vez, Davi ajudou seus amigos em um grande movimento para salvar o parque onde brincam. Ele conseguiu isso escrevendo no muro mensagens que só seus amigos entendiam. Como será que ele fez?

**Minha ilha maravilha**, de Marina Colasanti, Ática.

Este livro traz poemas com os mais variados temas. A poeta reuniu nessa "ilha" pequenas cenas do cotidiano, observações, visões e sensações. Tudo com um toque de fantasia.

## Jogo

**Sopa de letrinhas**

Disponível em: <http://www.escolagames.com.br/jogos/sopaLetrinhas/>. Acesso em: 19 fev. 2020.

Encontre na sopa as letras que formam a palavra correspondente a cada dica. A sopa ficará pronta depois de 5 palavras formadas. Não deixe as moscas caírem nela.

UNIDADE 3

## Livros

**O caçador de palavras**, de Lalau e Laurabeatriz, Scipione.

Já pensou se as palavras fugissem de você? E se as palavras se transformassem no que elas quisessem? Este livro conta a história de um menino que, já no café da manhã, passou grandes apuros com as palavras, tentando capturá-las.

**Sinto medo**, de Brian Moses, Scipione.

Todo mundo sente medo de alguma coisa. Este livro mostra como algumas crianças lidam com esse temor, suas ações e reações quando ficam com medo.

## Vídeo

**Faça em casa a sala que encolhe pessoas**. 5 min 16 s

Disponível em: <https://www.youtube.com/watch?v=yLWSwwQTeiU>. Acesso em: 26 nov. 2019.

Descubra como é feita a sala que deixa pessoas e objetos pequenininhos e grandões.

UNIDADE 4

## Livros

**O Contrário**, de Tom MacRae e Elena Odriozola, Companhia das Letrinhas.

Imagine que confusão seria se tudo o que você dissesse ou fizesse acontecesse ao contrário! Foi exatamente isso que aconteceu com Matheus: o Contrário não deixava o menino em paz. Como será que ele vai resolver essa situação?

**O Gato de Botas**, de Charles Perrault, Scipione.

O filho caçula de um moleiro recebe como herança do pai um gato. Ele fica insatisfeito, mas acaba descobrindo que um amigo leal e astuto é o bem mais precioso que se pode obter.

**Palavrinha ou palavrão?**, de Karin Sá Rego e Daniel Kondo, Companhia das Letrinhas.

Já começamos o dia rodeados de diversos sons: a campainha do despertador, os latidos do cachorro, a água caindo do chuveiro... Todos eles podem ser representados por onomatopeias. Mas o que será isso? Acompanhe um dia da vida de Nina e descubra!

## Vídeo

**Como fazer um arco-íris**. 4 min 32 s

Disponível em: <https://www.youtube.com/watch?v=tjIPhMEWFBg>. Acesso em: 26 nov. 2019.

Aprenda a fazer um arco-íris com confeitos de chocolate.

# BIBLIOGRAFIA


ADAMS, M. J. et al. *Consciência fonológica em crianças pequenas*. Porto Alegre: Artmed, 2006.

ANTUNES, I. *Gramática contextualizada*: limpando "o pó das ideias simples". São Paulo: Parábola Editorial, 2007.

__________. *Muito além da gramática*: por um ensino de línguas sem pedras no caminho. São Paulo: Parábola Editorial, 2007.

AZEREDO, J. C. de. *Gramática Houaiss da língua portuguesa*. São Paulo: Publifolha, 2014.

BAGNO, M. *Gramática pedagógica do português brasileiro*. São Paulo: Parábola Editorial, 2012.

BECHARA, E. *Moderna gramática portuguesa*. Rio de Janeiro: Nova Fronteira, 2019.

BELINTANE, C. *Oralidade e alfabetização*: uma nova abordagem da alfabetização e do letramento. São Paulo: Cortez, 2013.

BORGES, D. S. C.; MARTURANO, E. M. *Alfabetização em valores humanos*: um método para o ensino de habilidades sociais. São Paulo: Summus, 2012.

BRASIL. Ministério da Educação. Secretaria de Educação Fundamental. *Base Nacional Comum Curricular* (*BNCC*). Brasília, 2017.

CAGLIARI, L. C. *Alfabetização & linguística*. São Paulo: Scipione, 2009. (Pensamento e ação na sala de aula).

CAMARA JÚNIOR, J. M. *Dicionário de linguística e gramática*: referente à língua portuguesa. Petrópolis: Vozes, 2009.

__________. *Manual de expressão oral e escrita*. Petrópolis: Vozes, 2012.

CEGALLA, D. P. *Dicionário de dificuldades da língua portuguesa*. Rio de Janeiro: Lexikon, 2009.

CUNHA, C.; CINTRA, L. F. L. *Nova gramática do português contemporâneo*. Rio de Janeiro: Nova Fronteira, 2013.

DEMO, P. *Habilidades e competências no século XXI*. Porto Alegre: Mediação, 2010.

DUDENEY, G. et al. *Letramentos digitais*. Tradução: Marcos Marciolino. São Paulo: Parábola Editorial, 2016.

INSTITUTO ANTÔNIO HOUAISS; AZEREDO, J. C. (coord.). *Escrevendo pela nova ortografia*: como usar as regras do novo Acordo Ortográfico da Língua Portuguesa. São Paulo: Publifolha, 2013.

LUFT, C. P. *Novo guia ortográfico*. São Paulo: Globo, 2013.

MICOTTI, M. C. de O. (Org.). *Leitura e escrita*: como aprender com êxito por meio da pedagogia de projetos. São Paulo: Contexto, 2009.

MORAIS, A. G. *Ortografia*: ensinar e aprender. São Paulo: Ática, 2012.

__________. *Sistema de escrita alfabética*. São Paulo: Melhoramentos, 2012. (Como eu ensino).

NÓBREGA, M. J. *Ortografia*. São Paulo: Melhoramentos, 2013. (Como eu ensino).

PERINI, M. A. *Para uma nova gramática do português*. São Paulo: Ática, 2007.

SAVIOLI, F. P.; FIORIN, J. L. *Para entender o texto*: leitura e redação. São Paulo: Ática, 2007.

TRAVAGLIA, L. C. *Na trilha da gramática*: conhecimento linguístico na alfabetização e letramento. São Paulo: Cortez, 2013.

ZABALA, A.; ARNAU, L. *Como aprender e ensinar competências*. Porto Alegre: Artmed, 2010.

# MARCHA CRIANÇA

2º ANO
ENSINO FUNDAMENTAL

GRAMÁTICA

# MINIDICIONÁRIO

Aluno: ..............................................................................................

Escola: .............................................................. Turma: ..........................................

editora scipione

# COMO USAR SEU MINIDICIONÁRIO

Veja, a seguir, como organizamos este **Minidicionário** para você encontrar mais facilmente a palavra que procura.

## Ordem alfabética

Todas as palavras são apresentadas em ordem alfabética.

## Palavras-base

No alto de cada página, há duas palavras: a que está à esquerda é a primeira palavra daquela página. A da direita é a última.

## Verbetes

São as palavras explicadas neste **Minidicionário**, acompanhadas de algumas informações sobre elas: a divisão silábica, a categoria gramatical, sua definição e, em muitos casos, exemplos de uso. As palavras de origem estrangeira vêm acompanhadas de sua pronúncia. Os verbetes estão em roxo para facilitar sua localização.

## Divisão silábica

Logo depois de cada palavra, é apresentada sua divisão em sílabas entre parênteses (com exceção das palavras de origem estrangeira).

## Categoria gramatical

Logo após a divisão silábica é informado, em itálico e entre parênteses, se a palavra é um substantivo, um adjetivo ou um verbo.

## Definição

Depois da categoria gramatical, você encontrará a definição da palavra, isto é, a explicação do seu significado. Às vezes, uma palavra tem mais de um significado. Nesse caso, um número aparece antes de cada significado.

## Exemplos de uso

Em alguns casos, após a definição, você vai encontrar uma frase em itálico que mostra um exemplo de uso daquela palavra, destacada em **negrito**. Quando a palavra tem mais de um significado, pode haver mais de um exemplo de uso.

## Ilustrações

As ilustrações coloridas do **Minidicionário** ajudarão você a compreender o significado de algumas palavras.

Ilustra Cartoon/Arquivo da editora

# A a

**ABECEDÁRIO** (A-BE-CE-DÁ-RIO) *(substantivo)*

Conjunto de letras usadas para escrever as palavras.

*O **abecedário** também é chamado de abecê e alfabeto.*

**ABOBRINHA** (A-BO-BRI-NHA) *(substantivo)*

1. Tipo de abóbora, de cor esverdeada, com que se preparam pratos salgados.

   *Hoje almocei **abobrinha** recheada com carne.*

2. Bobagem, coisa sem interesse.

   *A amiga de Paula fala muita **abobrinha**.*

**ABORRECER** (A-BOR-RE-CER) *(verbo)*

Agir de modo que faça uma pessoa ficar irritada ou nervosa. Incomodar.

***Aborreceu** as crianças com brincadeiras sem graça.*

**ÁCARO** (Á-CA-RO) *(substantivo)*

Nome comum dado a vários tipos de animal muito pequenos que podem viver como parasitas do ser humano ou de outros animais.

*Os **ácaros** podem causar vários tipos de doença, como a sarna.*

Ilustrações: Ilustra Cartoon/Arquivo da editora

**AGASALHO** (A-GA-SA-LHO) *(substantivo)*

1. Lugar para se hospedar. É o mesmo que alojamento.
2. Roupa que protege do frio, como blusas de lã, jaquetas, casacos.

   *Filho, não se esqueça de levar seu **agasalho**!*

**ALTO** (AL-TO) *(adjetivo e substantivo)*

*(adjetivo)*

1. Que tem grande estatura.

   *Paulo é um rapaz **alto**.*

2. Que está erguido ou levantado.
3. (Som) forte ou agudo.

*(substantivo)* Ponto mais elevado, topo.

*O alpinista chegou ao **alto** da montanha gelada.*

**AMANHECER** (A-MA-NHE-CER) *(substantivo)*

Amanhecer é o começo do dia. É o mesmo que alvorecer.

**AMESTRADO** (A-MES-TRA-DO) *(adjetivo)*

Que foi treinado para ter certas habilidades. É o mesmo que adestrado, domesticado.

*O cachorro foi **amestrado**.*

**AMIZADE** (A-MI-ZA-DE) *(substantivo)*

Amizade é o sentimento de admiração ou carinho entre as pessoas.

**ANEDOTA** (A-NE-DO-TA) *(substantivo)*

História curta e divertida.

*Ganhei um livro de **anedotas** muito engraçadas.*

**AQUARELA** (A-QUA-RE-LA) *(substantivo)*

1. Aquarela é uma tinta em forma de massa, solúvel em água.
2. Também significa o tipo de pintura feito com essa tinta.

   *A técnica usada para ilustrar o livro foi **aquarela**.*

**ATERRISSAR** (A-TER-RIS-SAR) *(verbo)*

Aterrissar é tocar a terra. É o mesmo que pousar.

*O avião **aterrissou** na hora prevista.*

**AVALIAÇÃO** (A-VA-LI-A-ÇÃO) *(substantivo)*

Ato de verificar o conhecimento sobre um assunto por meio de prova ou exame.

*Amanhã teremos **avaliação** de Matemática.*

**AZAR** **(A-ZAR)** *(substantivo)*

Azar é má sorte. Também pode ser desgraça, infelicidade.

**AZEDO** (A-ZE-DO) *(adjetivo)*

1. Que tem sabor ácido, parecido com o do limão.
2. Que está estragado.
3. Mal-humorado, irritado.

   *Sérgio está **azedo** hoje.*

# B b

**BAGAGEM** (BA-GA-GEM) *(substantivo)*

Conjunto de objetos levados em malas, mochilas, pacotes, entre outros, em uma viagem.

**BALSA** (BAL-SA) *(substantivo)*

Embarcação grande e plana. É usada para fazer a travessia de passageiros e cargas em rios ou no mar.

Ilustrações: Ilustra Cartoon/Arquivo da editora

**BANDO** (BAN-DO) *(substantivo)*

1. Grande grupo de pessoas ou animais.
2. Grupo de pessoas que se reúne para a defesa das mesmas ideias.

**BEBEDOURO** (BE-BE-DOU-RO) *(substantivo)*

Aparelho composto de uma ou mais torneiras, feito para servir água. Pode-se usar copos ou aproximar a boca do jato de água.

**BENEFICENTE** (BE-NE-FI-CEN-TE) *(adjetivo)*

Que faz o bem. Também pode significar que faz caridade.

*Com o dinheiro do bazar **beneficente** compramos alimentos para os desabrigados.*

**BIBLIOTECA** (BI-BLI-O-TE-CA) *(substantivo)*

1. Coleção de livros.
2. Lugar onde há coleções de livros organizadas para consulta.

   *Naquela **biblioteca** podemos pegar livros emprestados.*

**BIMESTRE** (BI-MES-TRE) *(substantivo)*

Período de dois meses.

*Nossa classe vai ao zoológico no segundo **bimestre** deste ano.*

**BOSQUE** (BOS-QUE) *(substantivo)*

Pequeno conjunto de árvores próximas umas das outras.

**BRAILE** (BRAI-LE) *(substantivo)*

Sistema de escrita com pontos em relevo, que é lido com a ponta dos dedos. É usado pelas pessoas que têm deficiência visual.

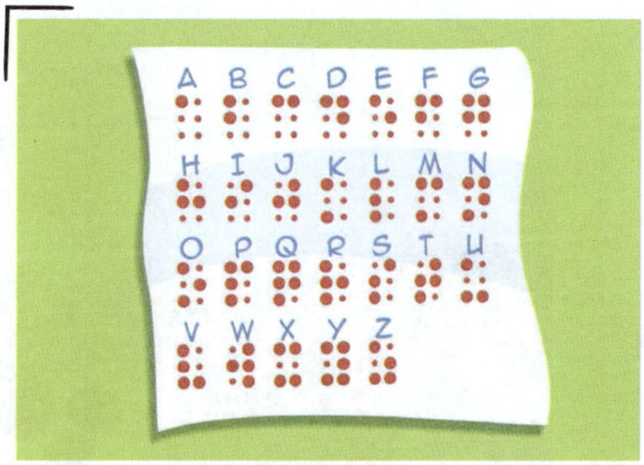


**BRUÇOS** (BRU-ÇOS) *(substantivo)*

Posição de quem se deita com a barriga para baixo.

*O bebê gostava de dormir de **bruços**.*

**BULA** (BU-LA) *(substantivo)*

Texto que explica como um remédio deve ser usado e para quais doenças ele é indicado. Em geral, a bula vem dentro da embalagem do medicamento.

A B C D E F G H I J K L M N O P Q R S T U V W X Y Z

# Cc

**CAMPO** (CAM-PO) *(substantivo)*

1. Região onde existem árvores, rios, pastos, criação de animais, etc. Fica longe ou mais ou menos longe da cidade.
2. Lugar amplo, com ou sem grama, usado para a prática de esportes.

**CAPRICHAR** (CA-PRI-CHAR) *(verbo)*

Fazer alguma coisa com dedicação, com esforço.

**CÁRIE** (CÁ-RIE) *(substantivo)*

Furo nos dentes causado por micróbios que ficam na boca.

*É preciso escovar bem os dentes para evitar as **cáries**.*

**CASULO** (CA-SU-LO) *(substantivo)*

Espécie de capa de fio de seda. Nela, algumas larvas ficam certo tempo para mais tarde se transformarem em insetos.

*A mariposa, em seu desenvolvimento, vive em um **casulo**.*

**CELEBRAR** (CE-LE-BRAR) *(verbo)*

Fazer festa para lembrar algum acontecimento importante. O mesmo que comemorar.

**CEREAL** (CE-RE-AL) *(substantivo)*

Nome que se dá a diversas plantas que produzem grãos, como aveia, arroz, trigo.

*Comer **cereais** faz bem à saúde.*

**CHEIO** (CHEI-O) *(adjetivo)*

1. Que está completo, em que não falta nada.

   *A garrafa de água está **cheia**.*

2. Que está chateado ou aborrecido com alguma coisa.

   *Ele está **cheio** das mentiras do primo.*

**COLABORAR** (CO-LA-BO-RAR)
*(verbo)*

Dar ajuda, auxiliar em algo.
O mesmo que cooperar.

*Todas as crianças **colaboraram** na elaboração do trabalho.*

**COMETA** (CO-ME-TA)
*(substantivo)*

Corpo celeste que geralmente apresenta uma cauda cheia de luz.

# D d

**DANIFICAR** (DA-NI-FI-CAR) *(verbo)*

Estragar alguma coisa.

*A chuva **danificou** a plantação de laranjas.*

**DECIFRAR** (DE-CI-FRAR) *(verbo)*

Conseguir entender uma mensagem difícil ou um texto.

*As crianças **decifraram** o mapa do tesouro.*

Ilustrações: Ilustra Cartoon/Arquivo da editora

**DECOLAR** (DE-CO-LAR) *(verbo)*

Ação de levantar voo, de sair do chão.

*Os aviões não **decolaram** por causa da chuva.*

**DESÂNIMO** (DE-SÂ-NI-MO)
*(substantivo)*

Sensação de quem perdeu o ânimo ou a força para fazer algo.

*O **desânimo** tomou conta dos jogadores após a derrota do time.*

**DESAPARECER** (DE-SA-PA-RE-CER)
*(verbo)*

O mesmo que sumir ou deixar de ser visto.

**DESEMBARAÇAR** (DE-SEM-BA-RA-ÇAR) *(verbo)*

1. Tirar os nós de algo, como se faz ao pentear os cabelos.
2. Deixar de ser tímido.

*Laís conseguiu se* ***desembaraçar*** *no palco.*

**DESEMBARCAR** (DE-SEM-BAR-CAR) *(verbo)*

***Desembarcar*** é o mesmo que descer de um barco, carro ou avião.

**DESEMPREGO** (DE-SEM-PRE-GO) *(substantivo)*

Falta de emprego.

*O* ***desemprego*** *é um problema em todo o mundo.*

**DESMORONAR** (DES-MO-RO-NAR) *(verbo)*

***Desmoronar*** é desabar, cair com força no chão.

**DESTINATÁRIO** (DES-TI-NA-TÁ-RIO) *(substantivo)*

Pessoa para quem se manda alguma coisa, como uma carta, por exemplo.

**DIALOGAR** (DI-A-LO-GAR) *(verbo)*

Conversar com uma ou mais pessoas.

*Os pais precisam* ***dialogar*** *com os filhos.*

**DIGNO** (DIG-NO) *(adjetivo)*

É aquele que tem bom caráter ou merece confiança, respeito.

**DUBLAGEM** (DU-BLA-GEM) *(substantivo)*

Troca da fala ou da música de um filme por outra, em língua diferente, para que seja compreendida.

*Sem* ***dublagem****, as crianças não entendem os filmes falados em inglês.*

# E e

**ECOLOGIA** (E-CO-LO-GI-A) *(substantivo)*

Ciência que estuda as relações dos seres vivos com seu ambiente natural.

**ECOLÓGICO** (E-CO-LÓ-GI-CO) *(adjetivo)*

Relacionado à ecologia, que respeita a ecologia.

**ECOSSISTEMA** (E-COS-SIS-TE-MA) *(substantivo)*

Sistema que inclui os seres vivos e o meio ambiente no qual vivem.

*Ela estuda o* ***ecossistema*** *de uma reserva ambiental.*

Ilustrações: Ilustra Cartoon/Arquivo da editora

**EDUCAR** (E-DU-CAR) *(verbo)*

1. Apresentar às pessoas condições para elas aprenderem, de maneira que possam desenvolver bem suas capacidades.
2. Instruir, ensinar.

**EGOÍSTA** (E-GO-ÍS-TA) *(adjetivo e substantivo)*

Que ou aquele que só pensa em si mesmo, que não se preocupa com outras pessoas.

(adjetivo) *Ele é **egoísta**, não deixa ninguém brincar com a bola.*

(substantivo) *Os **egoístas** não se preocupam com o próximo.*

**EMBARCAR** (EM-BAR-CAR) *(verbo)*

Entrar em ônibus, metrô, trem, avião, etc.

*Os passageiros devem **embarcar** na plataforma 11.*

Ilustrações: Ilustra Cartoon/Arquivo da editora

**ENJOO** (EN-JO-O) *(substantivo)*

Sensação de mal-estar, como uma pressão no estômago, que vem antes da vontade de vomitar. É o mesmo que náusea.

**EPIDEMIA** (E-PI-DE-MI-A) *(substantivo)*

Doença contagiosa que faz muitas pessoas ficarem doentes ao mesmo tempo. Normalmente, a epidemia acontece em determinada região.

**EQUILIBRAR** (E-QUI-LI-BRAR) *(verbo)*

Colocar ou manter em posição estável ou fixa.

*O jogador **equilibrou** a bola na cabeça.*

**ESGOTO** (ES-GO-TO) *(substantivo)*

Sistema de canais construído debaixo da terra. Nele são jogadas as águas sujas, como as de pias e de banheiros. As águas das chuvas também correm para o esgoto.

**EXCELENTE** (EX-CE-LEN-TE) *(adjetivo)*

Que é muito bom ou maravilhoso.

*Este pudim está **excelente**!*

**EXTINÇÃO** (EX-TIN-ÇÃO) *(substantivo)*

Ato ou efeito de deixar de existir, acabar. O mesmo que desaparecimento.

*A **extinção** dos animais é um desastre ecológico.*

A B C D E F G H I J K L M N O P Q R S T U V W X Y Z

# F f

**FÁBRICA** (FÁ-BRI-CA) *(substantivo)*

Local onde vários produtos são feitos para depois serem vendidos no comércio.

*Na rua onde moro, existe uma **fábrica** de móveis.*

**FAISÃO** (FAI-SÃO) *(substantivo)*

Ave com penas brilhantes e coloridas. O macho é maior e mais colorido que a fêmea e tem cauda de penas longas.

**FALTA** (FAL-TA) *(substantivo)*

1. Ato de deixar de ir às aulas, a compromissos, etc.
2. Ato de não obedecer a regras de um jogo ou esporte.

*Ele fez uma **falta** ao bater em um jogador durante a partida.*

**FAUNA** (FAU-NA) *(substantivo)*

Grupo de animais que vivem em um mesmo ambiente em uma época.

*Algumas espécies da **fauna** do Amazonas estão ameaçadas de extinção.*

**FEBRE** (FE-BRE) *(substantivo)*

Aumento da temperatura do corpo acima de 37 °C.

*A **febre** pode ser sinal de algum problema de saúde.*

**FILMOTECA** (FIL-MO-TE-CA) *(substantivo)*

Coleção de filmes de cinema. Nela também podem ser guardadas cópias de documentos em um tipo de filme.

**FLORA** (FLO-RA) *(substantivo)*

Conjunto de plantas de um lugar ou uma região.

*O pesquisador está estudando a **flora** da Mata Atlântica.*

**FLORESTA** (FLO-RES-TA) *(substantivo)*

Porção de terra onde existem diversos tipos de árvore grandes. É o mesmo que selva.

Ilustrações: Ilustra Cartoon/Arquivo da editora

**FOLCLORE** (FOL-CLO-RE) *(substantivo)*

Conjunto de costumes, artes populares e crenças de um país ou região.

**FRACO** (FRA-CO) *(adjetivo e substantivo)*

*(adjetivo)*

1. Que não tem força.

   *O menino está **fraco** porque ficou doente por dias.*

2. Que não tem capacidade suficiente para fazer ou entender algo.

   *Ele é **fraco** em História.*

*(substantivo)* Pessoa desprotegida, sem defesa.

Os ***fracos*** desistem com facilidade.

**FRUTO** (FRU-TO) *(substantivo)*

1. Parte da planta que guarda a semente.
2. Resultado de alguma coisa.

   *O prêmio que ganhamos é **fruto** de nosso trabalho.*

# Gg

**GAFANHOTO** (GA-FA-NHO-TO) *(substantivo)*

Nome de um inseto.

O ***gafanhoto*** tem asas compridas e antenas curtas.

**GALERIA** (GA-LE-RI-A) *(substantivo)*

1. Local onde são mostrados objetos de arte.
2. Parte comprida de um edifício em que há diversas lojas. Em geral, serve de passagem de uma rua para outra.

**GALINHA** (GA-LI-NHA) *(substantivo)*

Ave criada em quintais, terrenos amplos ou granjas.

A ***galinha*** produz ovos, e sua carne serve para o consumo.

**GARRANCHO** (GAR-RAN-CHO) *(substantivo)*

1. Galho retorcido ou torto.
2. Letra manuscrita difícil de entender.

**GIBITECA** (GI-BI-TE-CA) *(substantivo)*

1. Coleção de gibis de uma biblioteca.
2. Lugar onde os gibis ficam à disposição dos leitores.

**GOLFINHO** (GOL-FI-NHO) *(substantivo)*

Animal mamífero que vive no mar e salta por cima da água. Tem focinho comprido, em forma de bico.

**GRÁTIS** (GRÁ-TIS) *(adjetivo)*

Que não precisa de pagamento. É o mesmo que gratuito.

**GRAVE** (GRA-VE) *(adjetivo)*

1. Que é muito sério e preocupante.
   *O acidente foi **grave**.*
2. Que faz as coisas com muita concentração.
   *Ele trabalha muito e tem jeito **grave**.*

**GULOSEIMA** (GU-LO-SEI-MA) *(substantivo)*

Qualquer tipo de doce ou prato saboroso.

*A gelatina é uma **guloseima** deliciosa.*

# H h

**HABITANTE** (HA-BI-TAN-TE) *(substantivo)*

Que ou quem mora em um lugar.

*O tubarão é um **habitante** do mar.*

***HABITAT*** (HA-BI-TAT) *(substantivo)*

1. Lugar que oferece condições necessárias para que uma espécie ou um grupo nasça, cresça e viva.
2. Ambiente natural.
   *O leão foi levado de volta para seu **habitat**.*

**HÁLITO** (HÁ-LI-TO) *(substantivo)*

1. Ar que sai pela boca quando respiramos. O mesmo que bafo.
2. Cheiro da boca.
   *O menino acordou com mau **hálito**.*

**HANDEBOL** (HAN-DE-BOL) *(substantivo)*

Esporte com bola, jogado com as mãos, que tem por objetivo fazer gols, como no futebol. Cada equipe tem sete jogadores.

Ilustrações: Ilustra Cartoon/Arquivo da editora

**HIDRATAR** (HI-DRA-TAR) *(verbo)*

Tratar com água para evitar o ressecamento ou para devolver a umidade natural.

*O cogumelo precisa ser **hidratado** antes de ir ao fogo.*

**HORA** (HO-RA) *(substantivo)*

1. Cada uma das 24 partes do dia.
   *Acordo às 8 **horas**.*
2. Momento.
   *Agora não é **hora** de conversar!*

**HONRA** (HON-RA) (substantivo)

1. Honra é o sentimento de amor-próprio.
   *Ele ofendeu minha **honra**.*
2. Consideração.
   *A diretora nos deu a **honra** de sua presença.*

**HUMANO** (HU-MA-NO) *(adjetivo e substantivo)*

*(adjetivo)* Que é compreensivo e se preocupa com os outros.

*Era uma pessoa muito **humana**, queria ajudar todos.*

*(substantivo)* Os seres humanos, as pessoas.

*Os **humanos** querem saber se há vida em outros planetas.*

**HUMOR** (HU-MOR) *(substantivo)*

1. Sentimento que pode ser de alegria ou de tristeza.
   *Hoje minha professora está de bom **humor**.*
2. Capacidade que algumas pessoas têm de ser engraçadas.
   *O aluno participou do jogo com **humor**.*

# I i

**IDÊNTICO** (I-DÊN-TI-CO) *(adjetivo)*

O que é semelhante, igual a outra coisa.

*As duas bonecas que Marina ganhou são **idênticas**.*

Ilustrações: Ilustra Cartoon/Arquivo da editora

**IMIGRANTE** (I-MI-GRAN-TE) *(adjetivo e substantivo)*

Que ou pessoa que vai trabalhar ou morar em um país estrangeiro de forma temporária ou definitiva.

*(adjetivo)* *Os estudantes daquele grupo são **imigrantes**.*

*(substantivo)* *Na cidade de São Paulo há **imigrantes** de vários países.*

**IMPRENSA** (IM-PREN-SA) *(substantivo)*

1. Máquina usada para imprimir.
2. Conjunto de jornalistas que acompanha um fato ou acontecimento.

*A **imprensa** deu todos os detalhes da corrida.*

**INADEQUADO** (I-NA-DE-QUA-DO) *(adjetivo)*

Que não é adequado ou é impróprio.

*Aquela gritaria estava **inadequada** para o local.*

**INCÔMODO** (IN-CÔ-MO-DO) *(adjetivo e substantivo)*

*(adjetivo)* Que incomoda, que é desconfortável, desagradável.

*Estava sentado numa posição bastante **incômoda**.*

*(substantivo)* Mal-estar, dor.

*O **incômodo** no estômago passou logo.*

**INCONVENIENTE** (IN-CON-VE-NI-EN-TE) *(adjetivo e substantivo)*

*(adjetivo)* Que não fica bem, que é inadequado.

*Pedro fez um comentário **inconveniente** sobre Joana.*

*(substantivo)* Acontecimento desagradável, dificuldade.

*Muitos **inconvenientes** impediram a cantora de se apresentar.*

**INDELICADO** (IN-DE-LI-CA-DO) *(adjetivo)*

Que não é delicado. O mesmo que grosseiro.

*Roberto foi **indelicado** com sua irmã.*

**INFELIZ** (IN-FE-LIZ) *(adjetivo)*

1. Que não é ou não está feliz.
2. Que não tem sorte.

**INJUSTO** (IN-JUS-TO) *(adjetivo)*

Que não é justo, que é contra a justiça.

*Meu time perdeu porque o juiz foi **injusto**.*

**INUNDAÇÃO** (I-NUN-DA-ÇÃO) *(substantivo)*

Ato de cobrir com água. O mesmo que alagamento ou enchente.

*No mês de março, houve uma grande **inundação** na cidade.*

**INVENTOR** (IN-VEN-TOR) *(adjetivo e substantivo)*

Que ou quem cria algo novo, original.

*(adjetivo)* *O cientista, matemático e **inventor** Leonardo da Vinci foi um dos homens mais criativos da humanidade.*

*(substantivo)* *O **inventor** da lâmpada elétrica foi Thomas Edison.*

Ilustrações: Ilustra Cartoon/Arquivo da editora

# Jj

**JABUTI** (JA-BU-TI) *(substantivo)*

Réptil da mesma espécie da tartaruga. Também é chamado de cágado ou jaboti. No Brasil, o jabuti pode ser encontrado nas matas da Amazônia, do Espírito Santo e de Minas Gerais.

**JALECO** (JA-LE-CO) *(substantivo)*

Casaco de tecido leve, usado por médicos, dentistas, enfermeiras, etc., para a proteção da roupa durante o trabalho.

*A enfermeira colocou seu **jaleco** antes de entrar no hospital.*

**JANGADA** (JAN-GA-DA) *(substantivo)*

Embarcação feita de troncos de madeira muito leves, amarrados entre si. É construída normalmente com cinco troncos e possui um mastro no qual se ergue uma vela triangular.

Ilustrações: Ilustra Cartoon/Arquivo da editora

**JENIPAPEIRO** (JE-NI-PA-PEI-RO) *(substantivo)*

Árvore de caule reto com flores branco-amareladas, que dá como fruto o jenipapo.

**JOÃO-DE-BARRO** (JO-ÃO-DE-BAR-RO) *(substantivo)*

Nome dado a alguns tipos de pássaro brasileiros que constroem seus ninhos de barro em forma de forno.

*O **joão-de-barro** constrói sua casa com barro úmido que ele próprio amassa.*

**JUÁ** (JU-Á) *(substantivo)*

Fruto do juazeiro.

**JUAZEIRO** (JU-A-ZEI-RO) *(substantivo)*

Árvore comum no sertão brasileiro e que dá um fruto conhecido como juá.

*O boi comeu as folhas do **juazeiro**.*

**JUSTIÇA** (JUS-TI-ÇA) *(substantivo)*

Forma de fazer cumprir uma lei, de reconhecer e garantir os direitos de cada pessoa.

*O criminoso vai ser julgado com **justiça** no tribunal.*

**JUVENTUDE** (JU-VEN-TU-DE) *(substantivo)*

1. Período da vida de um ser humano ou de qualquer ser vivo quando jovem.

   *Fiquei horas recordando histórias da minha **juventude**.*

2. Conjunto das pessoas jovens.

   *Estas são as roupas preferidas da **juventude**.*

# K k

***KARAOKE*** (caraoquê) *(substantivo)*

1. Divertimento em que as pessoas cantam ao microfone, acompanhadas por músicos ao vivo ou por fundo musical já gravado.

   *Eu sempre participo de **karaoke**.*

2. Local em que há esse tipo de divertimento.

   *No meu aniversário, meus amigos e eu fomos a um **karaoke**.*

***KETCHUP*** (quetchupe) *(substantivo)*

Molho de tomate temperado com vinagre e outros ingredientes, com sabor levemente adocicado.

*Gosto de sanduíche com **ketchup**.*

**kg** *(abreviatura)*

Símbolo de quilograma ou quilo. Escreve-se com letras minúsculas.

*O pacote de açúcar pesa 5 **kg**.*

***KIT*** *(substantivo)*

Caixa ou estojo com um conjunto de peças ou utensílios.

***KIWI*** (quiuí) *(substantivo)*

Planta com folhas grossas e que produz frutos comestíveis, de casca marrom e polpa verde-amarelada. Também é o nome dado ao fruto dessa planta.

**km** *(abreviatura)*

Símbolo de quilômetro ou mil metros. Escreve-se com letras minúsculas.

*A cidade fica a 20 **km** daqui.*

***KUNG FU*** *(substantivo)*

Arte marcial criada na China e baseada em exercícios de concentração. É usada também na defesa pessoal.

Ilustrações: Ilustra Cartoon/Arquivo da editora

# LI

**LABORATÓRIO** (LA-BO-RA-TÓ-RIO) *(substantivo)*

1. Local onde são feitas pesquisas científicas, análises químicas, onde se preparam medicamentos, etc.

   *Fizemos nossos exames médicos no **laboratório**.*

2. Local onde são feitos trabalhos científicos ou artísticos, entre outros.

   *O **laboratório** da escola ficou repleto de alunos durante a Feira de Ciências.*

**LAMPIÃO** (LAM-PI-ÃO) *(substantivo)*

Lanterna grande que pode ser carregada na mão ou presa a uma parede ou a um móvel.

*O **lampião** funciona a gás, eletricidade ou querosene.*

**LEAL** (LE-AL) *(adjetivo)*

1. Sincero.

   *Ricardo foi **leal** com seu amigo.*

2. Que é fiel aos seus compromissos.

**LECIONAR** (LE-CI-O-NAR) *(verbo)*

Dar aula de algo a alguém.
É o mesmo que ensinar.

*O professor começou a **lecionar** muito cedo.*

**LEMBRAR** (LEM-BRAR) *(verbo)*

1. Puxar pela memória. É o mesmo que recordar.

   *Ao acordar, **lembrei**-me de dar o presente para minha mãe.*

2. Dar uma ideia ou sugerir.
   É o mesmo que propor.

   ***Lembrei** a professora de nos avisar quando faltassem 10 minutos para bater o sinal da saída.*

**LENDA** (LEN-DA) *(substantivo)*

História inventada pelo povo, que é contada de geração em geração.

*As **lendas** antigas trazem muitos ensinamentos.*

**LHAMA** (LHA-MA) *(substantivo)*

Mamífero herbívoro que tem longos pelos.

*A **lhama** é utilizada como animal de carga.*

Ilustrações: Ilustra Cartoon/Arquivo da editora

**LIQUIDAR** (LI-QUI-DAR) *(verbo)*

1. Resolver ou acabar.

   ***Liquidamos** o problema dos mosquitos no bairro onde moramos.*

2. Ajustar, pagar todas as contas.

   *Vamos **liquidar** a última prestação do carnê.*

3. Vender a preços bem baixos.

   *A loja **liquidou** todos os brinquedos.*

**LOCOMOTIVA** (LO-CO-MO-TI-VA) *(substantivo)*

Vagão de trem que puxa ou empurra os outros.

*A **locomotiva** tem motores que provocam o movimento de todo o trem.*

**LUNAR** (LU-NAR) *(adjetivo)*

Que se refere à Lua.

*A televisão transmitiu o último eclipse **lunar**.*

**MAÇANETA** (MA-ÇA-NE-TA) *(substantivo)*

Puxador que move o trinco de uma porta ou janela.

*As **maçanetas** das portas foram trocadas.*

**MACIEIRA** (MA-CI-EI-RA) *(substantivo)*

Árvore que dá maçã.

**MAMÍFERO** (MA-MÍ-FE-RO) *(adjetivo e substantivo)*

Animal que tem mamas e que dá de mamar aos seus filhotes.

(adjetivo) *A baleia é um animal **mamífero**.*

(substantivo) *Os **mamíferos** em geral têm quatro patas.*

**MANSÃO** (MAN-SÃO) *(substantivo)*

Casa muito grande e luxuosa.

**MAPA-MÚNDI** (MA-PA-MÚN-DI) *(substantivo)*

Mapa que representa toda a superfície da Terra.

**MARCENEIRO** (MAR-CE-NEI-RO) *(substantivo)*

Profissional que trabalha com madeira, fabricando móveis e objetos de arte.

**MARIPOSA** (MA-RI-PO-SA) *(substantivo)*

Tipo de inseto noturno que é atraído pela luz.

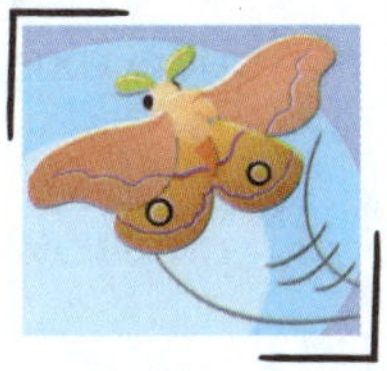

*As **mariposas** voam ao redor da lâmpada acesa.*

**MERCADO** (MER-CA-DO) *(substantivo)*

Local onde são vendidos alimentos, produtos de higiene e limpeza, carnes, etc.

**MINIATURA** (MI-NI-A-TU-RA) *(substantivo)*

Qualquer coisa de tamanho reduzido, menor que o tamanho natural.

*Colecionava **miniaturas** de carros de corrida.*

**MURMURAR** (MUR-MU-RAR) *(verbo)*

1. Falar em voz muito baixa. É o mesmo que sussurrar.
2. Falar mal de alguém.

# N n

**NABO** (NA-BO) *(substantivo)*

Tipo de hortaliça. Consome-se sua raiz, que é grossa, comprida ou redonda.

*O **nabo** é um alimento saudável.*

**NACIONAL** (NA-CI-O-NAL) *(adjetivo e substantivo)*

*(adjetivo)* Que pertence a uma nação.

*A bandeira é um símbolo **nacional**.*

*(substantivo)* Indivíduo que nasceu em um país.

*Os **nacionais** do Brasil são chamados de brasileiros.*

**NADADEIRA** (NA-DA-DEI-RA) *(substantivo)*

1. Parte do corpo dos peixes que os ajuda a nadar. É o mesmo que barbatana.

   *As **nadadeiras** e as escamas do peixe foram tiradas antes de temperá-lo.*

2. Calçado de borracha utilizado para nadar ou mergulhar. É o mesmo que pé de pato.

   *Antes do mergulho, vesti as **nadadeiras**.*

**NARRADOR** (NAR-RA-DOR) *(substantivo)*

Pessoa que narra, que conta algo falando ou escrevendo.

*O **narrador** de nossas aventuras nas férias fui eu.*

**NAVE** (NA-VE) *(substantivo)*

Veículo ou embarcação utilizada para fazer viagens pelo espaço.

*Os astronautas passaram muitos dias no espaço, a bordo de uma **nave**.*

**NEGAR** (NE-GAR) *(verbo)*

Dizer que algo não é verdadeiro ou não existe. É o mesmo que desmentir.

*O aluno **negou** que estivesse colando na prova.*

**NETUNO** (NE-TU-NO) *(substantivo)*

Oitavo planeta do Sistema Solar em ordem de distância do Sol.

**NÍTIDO** (NÍ-TI-DO) *(adjetivo)*

1. Transparente, claro.
2. Algo que é fácil de entender.

   *A explicação da professora foi **nítida**.*

**NUBLADO** (NU-BLA-DO) *(adjetivo)*

Coberto de nuvens.
*Hoje o céu amanheceu **nublado**.*

**NUTRIDO** (NU-TRI-DO) *(adjetivo)*

Alimentado.

*O bebê precisa mamar várias vezes ao dia para ficar bem-**nutrido**.*

**OBEDECER** (O-BE-DE-CER) *(verbo)*

1. Respeitar as ordens dadas por outra pessoa: pai, mãe, avós, professor, chefe, etc.

   *Os alunos **obedeceram** ao professor.*
2. Fazer o que o outro diz.

   *O cãozinho **obedeceu** a seu dono.*

**OBSERVAR** (OB-SER-VAR) *(verbo)*

1. Examinar cuidadosamente; olhar com atenção.

   ***Observei** todos os movimentos da bailarina durante o espetáculo.*
2. Estudar alguma coisa.

   ***Observei** os diferentes tipos de folha na aula de Ciências.*

Ilustração: Ilustra Cartoon/Arquivo da editora

**OCA** (O-CA) *(substantivo)*

Casa de madeira coberta de palha usada pelos indígenas como moradia.

**OCEANO** (O-CE-A-NO) *(substantivo)*

Grande quantidade de água salgada que cobre a maior parte da Terra.

*O Atlântico é um dos principais **oceanos** que banham o planeta Terra.*

**OCO** (O-CO) *(adjetivo)*

Vazio por dentro.

*Aquele galho de árvore está **oco**.*

**OCUPADO** (O-CU-PA-DO) *(adjetivo)*

1. Alguém que tem muito trabalho a fazer.

   *Meu pai é um homem muito **ocupado**.*

2. Algo que não está disponível ou que não está livre.

   *Tivemos de esperar para beber água, pois o bebedouro estava **ocupado**.*

**OFICINA** (O-FI-CI-NA) *(substantivo)*

1. Local onde se trabalha.

   *O mecânico conserta os carros na **oficina**.*

2. Curso de pequena duração.

   *Participamos de uma **oficina** de redação.*

**OLFATO** (OL-FA-TO) *(substantivo)*

Um dos cinco sentidos do nosso corpo. Por meio dele podemos sentir o cheiro.

*O órgão do **olfato** é o nariz.*

**OMELETE** (O-ME-LE-TE) *(substantivo)*

Omelete é uma comida frita, feita de ovos batidos, na qual se pode acrescentar muitos temperos ou ingredientes.

**OPOSTO** (O-POS-TO) *(adjetivo e substantivo)*

*(adjetivo)* Contrário, inverso.

*Fomos em direções **opostas**.*

*(substantivo)* O que é inverso, contrário.

*A tristeza é o **oposto** da alegria.*

**OXIGÊNIO** (O-XI-GÊ-NIO) *(substantivo)*

Gás sem cor e sem cheiro que existe em grande quantidade na natureza e é necessário à vida.

*Todos os seres vivos precisam de **oxigênio**.*

Ilustrações: Ilustra Cartoon/Arquivo da editora

# Pp

**PARABENIZAR** (PA-RA-BE-NI-ZAR) *(verbo)*

Dar parabéns.

***Parabenizamos*** *o professor pela conquista do prêmio.*

**PARALISAR** (PA-RA-LI-SAR) *(verbo)*

Parar, ficar sem movimento.

*O guarda* ***paralisou*** *o trânsito para que duas senhoras atravessassem a rua.*

**PATIM** (PA-TIM) *(substantivo)*

Tipo de sapato que tem roda ou lâmina para deslizar no solo ou no gelo.

*Ganhei um par de* ***patins*** *no Dia das Crianças.*

**PERDOAR** (PER-DO-AR) *(verbo)*

Desculpar.

***Perdoei*** *meu irmão pela briga e voltamos a conversar.*

**PICHAR** (PI-CHAR) *(verbo)*

1. Aplicar piche.

   *Os operários* ***picharam*** *a rua para tampar os buracos do asfalto.*

2. Escrever ou desenhar em muros, paredes etc.

   ***Pichar*** *as paredes ou os muros é falta de cuidado com a cidade onde vivemos.*

3. Falar mal ou criticar.

   *Os jornalistas* ***picharam*** *o técnico da seleção.*

**PICHE** (PI-CHE) *(substantivo)*

Substância preta, muito pegajosa, que é obtida do petróleo.

*O* ***piche*** *é usado para asfaltar as ruas.*

**POLIR** (PO-LIR) *(verbo)*

Lustrar, dar brilho.

*Ajudei meu pai a* ***polir*** *o carro.*

**POMAR** (PO-MAR) *(substantivo)*

Terreno onde são plantadas árvores frutíferas.

Ilustrações: Ilustra Cartoon/Arquivo da editora

**PORÃO** (PO-RÃO) *(substantivo)*

Parte de uma casa que fica abaixo do térreo.

*Guardamos a bicicleta no **porão**.*

**PREENCHER** (PRE-EN-CHER) *(verbo)*

1. Completar algo sem deixar espaço vazio.

   *Vou **preencher** todo o desenho com giz de cera.*

2. Ocupar com alguma atividade.

   *Estava chovendo e fomos ao cinema para **preencher** o tempo.*

**PROTEGER** (PRO-TE-GER) *(verbo)*

Cuidar de algo ou de alguém, abrigando-o ou evitando que se machuque.

*A mãe **protege** seu bebê desde o nascimento.*

# Q q

**QUADRA** (QUA-DRA) *(substantivo)*

1. Lugar onde se praticam vários esportes.

   *Todas as tardes, jogamos vôlei na **quadra** da escola.*

2. Espaço cercado por quatro ruas.

   *Minha casa fica na segunda **quadra** do condomínio.*

**QUADRILHA** (QUA-DRI-LHA) *(substantivo)*

1. Dança de pares geralmente apresentada nas festas juninas.

   *Todo ano, ensaiamos a **quadrilha** para dançar na festa junina da escola.*

2. Grupo de pessoas desonestas ou de ladrões que obedecem a um chefe.

   *A **quadrilha** foi presa depois de assaltar um banco.*

**QUADRO-NEGRO** (QUA-DRO-NE-GRO) *(substantivo)*

Painel de madeira ou outro material usado nas escolas para explicações do professor, exercícios dos alunos, etc. É o mesmo que lousa ou quadro de giz.

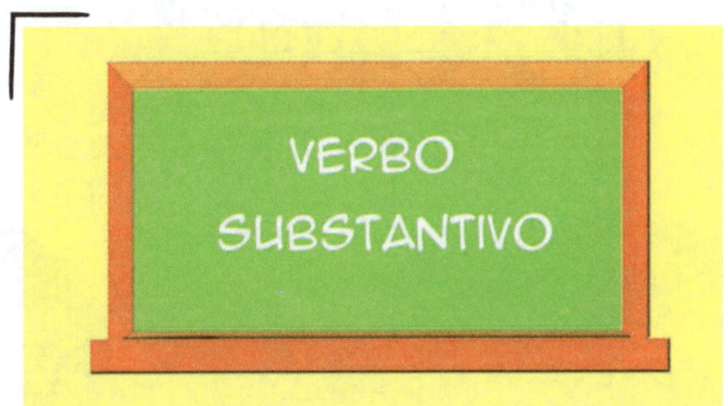


**QUARTEIRÃO** (QUAR-TEI-RÃO) *(substantivo)*

Área cercada por quatro ruas. É o mesmo que quadra.

**QUARTEL** (QUAR-TEL) *(substantivo)*

Edifício onde os soldados ficam alojados.

**QUATI** (QUA-TI) *(substantivo)*

Animal mamífero pequeno com focinho longo e anéis escuros na cauda.

*O **quati** vive em árvores e se alimenta de frutos e carne.*

**QUEBRA-CABEÇA** (QUE-BRA-CA-BE-ÇA) *(substantivo)*

1. Jogo em que é preciso encaixar várias peças pequenas para formar uma figura.

   *Ganhei um **quebra-cabeça** de mil peças no meu aniversário.*

2. Tarefa ou problema que preocupa, que é difícil de resolver.

   *A partir das pistas, conseguimos montar o **quebra-cabeça** e resolver a charada.*

**QUESTÃO** (QUES-TÃO) *(substantivo)*

1. Algo que precisa ser resolvido.

   *A **questão** da fome preocupa o país.*

2. Pergunta.

   *Tenho uma **questão** de História para fazer ao professor.*

**QUILÔMETRO** (QUI-LÔ-ME-TRO) *(substantivo)*

Medida de comprimento igual a mil metros.

*Os alunos andam dois **quilômetros** para chegar até a escola.*

**QUITANDA** (QUI-TAN-DA) *(substantivo)*

Local onde são vendidos frutas, verduras, ovos, cereais, entre outros produtos. É o mesmo que mercearia ou venda.

*Todas as quintas-feiras vou à **quitanda** para comprar legumes frescos.*

# Rr

**RAÇÃO** (RA-ÇÃO) *(substantivo)*

1. Quantidade de alimento que uma pessoa come a cada refeição.

2. Alimento que é dado a um animal.

   *Compramos **ração** para nosso cachorrinho.*

**RADAR** (RA-DAR) *(substantivo)*

Equipamento utilizado para localizar objetos ou para medir a velocidade dos carros.

**REBELDE** (RE-BEL-DE) *(adjetivo e substantivo)*

Que ou quem não cumpre uma ordem ou uma disciplina. É o mesmo que teimoso ou indisciplinado.

*(adjetivo) O motorista **rebelde** não respeitou as leis de trânsito e foi multado.*

*(substantivo) Ninguém conseguia deter os **rebeldes**.*

**RECORDAR** (RE-COR-DAR) *(verbo)*

Trazer à memória. É o mesmo que lembrar.

***Recordo**-me com muito carinho da minha primeira professora.*

**REDUZIR** (RE-DU-ZIR) *(verbo)*

Tornar menor. É o mesmo que diminuir.

**REPORTAGEM** (RE-POR-TA-GEM) *(substantivo)*

Texto que apresenta fatos, opiniões e outras informações sobre determinado assunto. É publicado em jornais escritos e falados, em revistas e na internet.

**REPOUSAR** (RE-POU-SAR) *(verbo)*

Descansar.

*Depois de ter viajado tanto, precisamos **repousar**.*

**RETALHO** (RE-TA-LHO) *(substantivo)*

Parte que se tira ou se corta de algo maior, especialmente tecidos.

*Na oficina de costura havia muitos **retalhos** de tecido pelo chão.*

**ROUPÃO** (ROU-PÃO) *(substantivo)*

Peça de vestuário, longa ou curta, aberta na frente, com mangas compridas ou curtas e um cinto do mesmo tecido. Em geral, é usado depois do banho ou depois de sair da praia ou da piscina.

**SÁBIO** (SÁ-BIO) *(adjetivo e substantivo)*

Que ou aquele que tem muita sabedoria, que sabe muito.

*(adjetivo) Aprendo muitas coisas com meu avô, pois ele é muito **sábio**.*

*(substantivo) Os **sábios** são pessoas muito sensatas.*

**SADIO** (SA-DI-O) *(adjetivo)*

1. Que tem boa saúde.
   *Uma boa alimentação torna o homem **sadio**.*
2. Que faz bem para a saúde física ou mental.
   *Caminhar todos os dias é um ato **sadio**.*

**SAMBA** (SAM-BA) *(substantivo)*

1. Música brasileira, que tem muito ritmo.
   *O **samba** é uma música muito tocada no Carnaval.*
2. Dança popular brasileira.
   *Para dançar **samba**, é preciso saber rebolar.*

**SANITÁRIO** (SA-NI-TÁ-RIO) *(adjetivo e substantivo)*

*(adjetivo)* Que se refere à saúde e à higiene.

*(substantivo)* O mesmo que banheiro ou privada.

*Os **sanitários** da minha escola são limpos diariamente.*

**SARAR** (SA-RAR) *(verbo)*

1. Voltar a ter saúde. É o mesmo que ficar curado.
   *Depois de tomar remédios, repousar e me alimentar bem, **sarei**.*
2. Cicatrizar.
   *Depois de muitos dias, o machucado do meu joelho **sarou**.*

**SATURNO** (SA-TUR-NO) *(substantivo)*

Segundo maior planeta do Sistema Solar. É famoso por seus anéis.

**SECAR** (SE-CAR) *(verbo)*

1. Retirar a água de alguma coisa. É o mesmo que enxugar.
   *O vento **secou** a roupa que estava no varal.*
2. Perder a água.
   *O poço da fazenda **secou**.*

**SELVAGEM** (SEL-VA-GEM) *(adjetivo)*

1. Que não é domesticado. É o mesmo que feroz.
   *Encontramos muitos animais **selvagens** no zoológico.*
2. Que nasce e vive na selva. É o mesmo que silvestre.

**SEMBLANTE** (SEM-BLAN-TE) *(substantivo)*

Rosto, face. Também pode ser aparência.

*Isabela estava com um **semblante** feliz.*

**SEMESTRE** (SE-MES-TRE) *(substantivo)*

Período de seis meses.

*Durante o primeiro **semestre**, pude conhecer melhor os novos colegas de turma.*

**SÍLABA** (SÍ-LA-BA) *(substantivo)*

Cada uma das partes em que se pode dividir uma palavra.

*Português é uma palavra que tem três **sílabas**: por-tu-guês.*

**SÍNDICO** (SÍN-DI-CO) *(substantivo)*

Síndico é a pessoa que administra um prédio de apartamentos.

*O **síndico** informou que não é permitido fazer obras aos domingos.*

# T t

**TALENTO** (TA-LEN-TO) *(substantivo)*

Facilidade para fazer algo.

*Minha amiga tem **talento** para cantar.*

**TAPIOCA** (TA-PI-O-CA) *(substantivo)*

1. Farinha feita de mandioca ou aipim. É o mesmo que polvilho.
   *Preparamos pratos doces e salgados com **tapioca**.*
2. Massa feita com essa farinha e recheada com coco ralado, leite condensado, queijo, etc.

Ilustrações: Ilustra Cartoon/Arquivo da editora

**TARIFA** (TA-RI-FA) *(substantivo)*

Preço cobrado pelo transporte de passageiros a determinada distância.

*Neste mês a **tarifa** do ônibus subiu.*

**TATO** (TA-TO) *(substantivo)*

Um dos cinco sentidos do nosso corpo. Por meio dele podemos sentir o calor, o frio, a forma e a espessura dos objetos.

*O órgão do **tato** é a pele.*

**TECER** (TE-CER) *(verbo)*

Entrelaçar fios, palha ou outro material para produzir tecidos, esteiras, cestos, etc.

*Muitos indígenas **tecem** cestos e redes com fibras de palmeira.*

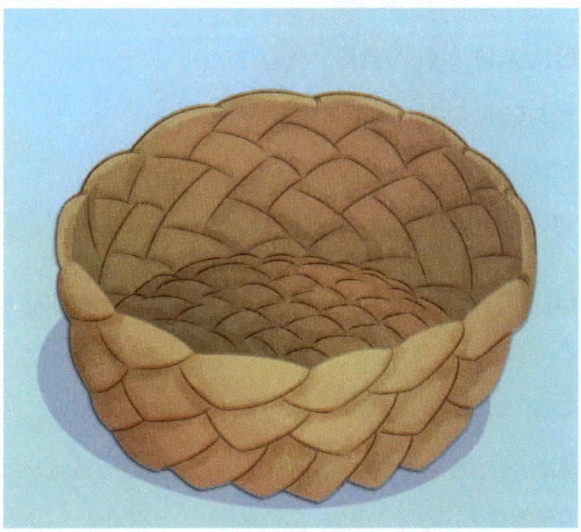

**TELESPECTADOR**
(TE-LES-PEC-TA-DOR) *(substantivo)*

Pessoa que assiste a algo pela televisão.

*Muitos **telespectadores** assistem aos jornais.*

**TERMÔMETRO** (TER-MÔ-ME-TRO) *(substantivo)*

Instrumento utilizado para medir a temperatura do corpo.

*O médico mediu a temperatura do bebê com o **termômetro**.*

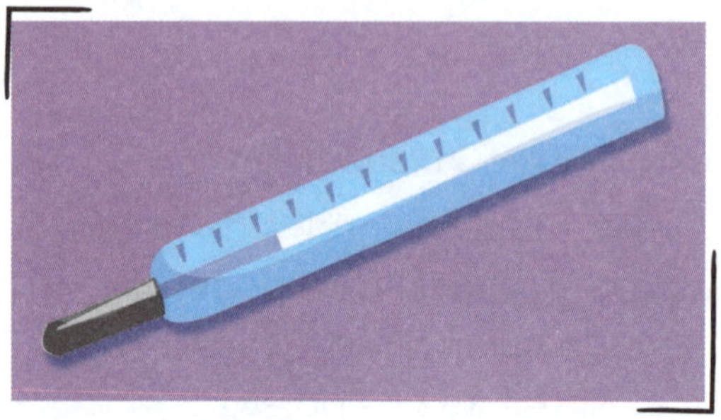

**TOBOGÃ**
(TO-BO-GÃ) *(substantivo)*

Rampa ondulada em que se desce escorregando.

*O **tobogã** é meu brinquedo predileto.*

**TOLDO** (TOL-DO) *(substantivo)*

Peça, geralmente de lona, utilizada para cobrir ou abrigar pessoas ou objetos.

*Coloquei um **toldo** na janela do meu quarto para protegê-la das chuvas.*

**TRIMESTRE** (TRI-MES-TRE) *(substantivo)*

Período de três meses.

*Em minha escola faço provas a cada **trimestre**.*

## U u

**UIVAR** (UI-VAR) *(verbo)*

Gritar, berrar.

*O lobo e o cão são animais que **uivam**.*

**ULTRAPASSAR** (UL-TRA-PAS-SAR) *(verbo)*

Superar, ir além, passar à frente.

*Durante a corrida, **ultrapassei** meu colega.*

**ÚMIDO** (Ú-MI-DO) *(adjetivo)*

Um pouco molhado, levemente molhado.

*Minha mãe limpa a sala com um pano **úmido**.*

**UNIÃO** (U-NI-ÃO) *(substantivo)*

Ato de ficar junto, de juntar coisas ou pessoas que estavam separadas.

*Na partida final do campeonato, os torcedores demonstraram muita **união**.*

Ilustrações: Ilustra Cartoon/Arquivo da editora

**UNISSEX** (U-NIS-SEX) *(adjetivo)*
Que pode ser usado tanto por homens quanto por mulheres.
*Comprei um paletó **unissex**.*

**URGENTE** (UR-GEN-TE) *(adjetivo)*
Que precisa ser feito ou atendido imediatamente, que não pode ser deixado para depois.
*Recebi um recado muito **urgente**!*

**USUÁRIO** (U-SU-Á-RIO) *(substantivo)*
Aquele que usa algum serviço.
*O número de **usuários** da internet é muito grande.*

**UTILIZAR** (U-TI-LI-ZAR) *(verbo)*
Utilizar é fazer uso de algo.
*Vou **utilizar** a batedeira para fazer bolo*

# V v

**VACINA** (VA-CI-NA) *(substantivo)*
Substância que é introduzida no organismo para evitar doenças.
*Os bebês precisam tomar diversas **vacinas** no primeiro ano de vida.*

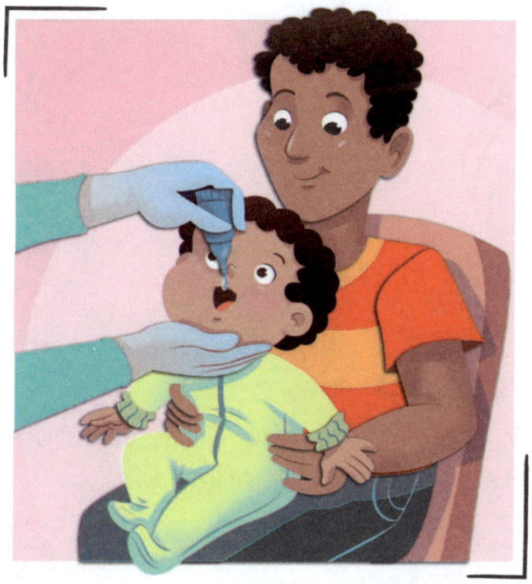

**VÁCUO** (VÁ-CUO) *(substantivo)*
Espaço vazio onde não existe ar.

Ilustrações: Ilustra Cartoon/Arquivo da editora

**VAIDADE** (VA-I-DA-DE) *(substantivo)*
Grande desejo de receber atenção e admiração dos outros.
*Minha irmã tem uma **vaidade** inacreditável.*

**VEGETAL** (VE-GE-TAL) *(substantivo)*
1. O mesmo que planta.
   *Os **vegetais** precisam de água e de luz para sobreviver.*
2. O mesmo que hortaliça.
   *Uma alimentação saudável deve incluir muitos **vegetais**.*

**VELOZ** (VE-LOZ) *(adjetivo)*

Que anda depressa ou corre.

*Minha moto é muito* ***veloz****.*

**VERTEBRADO** (VER-TE-BRA-DO) *(adjetivo)*

O que tem coluna vertebral e ossos.

*O homem é um animal* ***vertebrado****.*

**VIRTUAL** (VIR-TU-AL) *(adjetivo)*

1. Que não existe de verdade, mas apenas como possibilidade.
   *Tenho um amigo* ***virtual****.*
2. Que pode ou não se realizar.
   *Pedro é um candidato* ***virtual****.*

**VISÃO** (VI-SÃO) *(substantivo)*

1. Um dos cinco sentidos do nosso corpo. Por meio dela vemos todo o mundo à nossa volta.
   *O órgão da* ***visão*** *é o olho.*
2. Imagem que se acredita ver em sonhos, que não é real.

**VISÍVEL** (VI-SÍ-VEL) *(adjetivo)*

Algo que pode ser visto.

*Na noite estrelada, a Lua estava* ***visível****.*

**VULCÃO** (VUL-CÃO) *(substantivo)*

Montanha com uma grande abertura que lança material em brasa a altíssimas temperaturas. O material que sai do vulcão chama-se lava.

# W w

***WAFFLE*** (uófou) *(substantivo)*

Tipo de panqueca assada, de massa grossa, que é consumida pura ou com geleia, mel ou manteiga.

***W.C.*** *(abreviatura)*

Abreviatura do inglês *watercloset*. Banheiro, toalete.

***WEB*** (uéb) *(substantivo)*

Do inglês *web*, rede. O mesmo que internet, a rede mundial de computadores.

***WWW*** *(abreviatura)*

Do inglês *world wide web*, rede mundial. O mesmo que *web*.

Ilustração: Ilustra Cartoon/Arquivo da editora

# Xx

**XALE** (XA-LE) *(substantivo)*

Manto, geralmente de lã ou de seda, usado sobre os ombros.

**XAMPU** (XAM-PU) *(substantivo)*

Sabonete líquido usado para lavar os cabelos e o couro cabeludo.

*Existem **xampus** também para cachorros.*

**XARÁ** (XA-RÁ) *(substantivo)*

Pessoa que tem o mesmo nome que outra.

**XAROPE** (XA-RO-PE) *(substantivo)*

Remédio líquido e adocicado geralmente usado para tratar a tosse.

**XERIFE** (XE-RI-FE) *(substantivo)*

Pessoa responsável por garantir que sejam cumpridas as leis e que seja mantida a ordem nas cidades dos Estados Unidos.

**XINGAR** (XIN-GAR) *(verbo)*

Ofender alguém ou alguma coisa com palavras que machucam ou magoam.

*A torcida **xingou** o juiz durante a partida de futebol.*

# Yy

***YAKISOBA*** (iaquissôba) *(substantivo)*

Comida japonesa preparada com macarrão e verduras refogadas.

Ilustrações: Ilustra Cartoon/Arquivo da editora

Ilustrações: Ilustra Cartoon/Arquivo da editora

# Z z

**ZABUMBA** (ZA-BUM-BA) *(substantivo)*

Espécie de tambor.

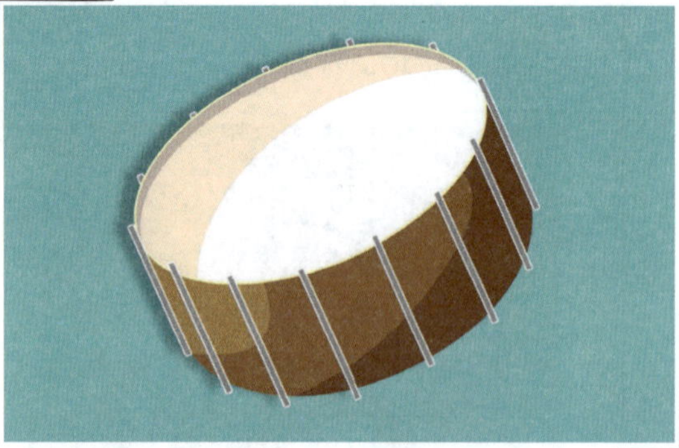

**ZANGADO** (ZAN-GA-DO) *(adjetivo)*

Bravo, aborrecido, de mau humor.

*Meu irmão ficou muito **zangado** comigo porque eu mexi nas coisas dele.*

**ZANGÃO** (ZAN-GÃO) *(substantivo)*

Macho da abelha. Não produz mel.

**ZELADOR** (ZE-LA-DOR) *(substantivo)*

Pessoa encarregada de cuidar da limpeza e conservação de um prédio de apartamentos ou de escritórios.

*José é o **zelador** do nosso prédio.*

**ZOMBAR** (ZOM-BAR) *(verbo)*

Caçoar, rir de alguém com o objetivo de magoá-lo. É o mesmo que debochar.

*Durante a briga, os meninos ficaram **zombando** um do outro.*

**ZONA** (ZO-NA) *(substantivo)*

Área ou espaço delimitado.

*Moro na **zona** sul da cidade.*

**ZOOLÓGICO** (ZO-O-LÓ-GI-CO) *(substantivo)*

Lugar onde ficam em exposição permanente várias espécies de animais. O mesmo que jardim zoológico.

*Gosto muito de ir ao **zoológico** passear.*

Ilustrações: Ilustra Cartoon/Arquivo da editora